法律思维与法学理论探究

刘伟 白旭川 步艳丽 著

辽宁大学出版社 沈阳
Liaoning University Press

图书在版编目（CIP）数据

法律思维与法学理论探究/刘伟，白旭川，步艳丽著．--沈阳：辽宁大学出版社，2024.12．--ISBN 978-7-5698-1925-0

Ⅰ.D90

中国国家版本馆 CIP 数据核字第 2024X0B992 号

法律思维与法学理论探究

FALÜ SIWEI YU FAXUE LILUN TANJIU

出　版　者：辽宁大学出版社有限责任公司
　　　　　　（地址：沈阳市皇姑区崇山中路66号　　邮政编码：110036）
印　刷　者：沈阳市第二市政建设工程公司印刷厂
发　行　者：辽宁大学出版社有限责任公司
幅面尺寸：170mm×240mm
印　　张：13.5
字　　数：220千字
出版时间：2024年12月第1版
印刷时间：2025年1月第1次印刷
责任编辑：李珊珊
封面设计：韩　实
责任校对：吴芮杭

书　　号：ISBN 978-7-5698-1925-0
定　　价：88.00元

联系电话：024-86864613
邮购热线：024-86830665
网　　址：http://press.lnu.edu.cn

前　言

随着社会的进步和法治国家的建设，法律思维逐渐成为人们解决问题、分析现象的重要工具。法学理论的发展，也为法律思维提供了坚实的理论基础和丰富的研究方法。法学理论在不断寻求创新，以适应社会发展的需求。在当前全球化的背景下，不同法律体系和文化间的交流与碰撞，也为法律思维与法学理论的探究提供了更广阔的空间和更深入的视角。

本书以"法律思维与法学理论探究"为题，从法律思维的基本概述开始，详细阐述了法律思维的含义、特征、构成要素及其与法治思维之间的关系。紧接着，深入剖析法律思维的理论基础，在此基础上，进一步探讨法律思维的模式、方法及立场，法的价值与人文精神。在行政法与诉讼法的部分中，详细解读了行政法的组成及诉讼法、程序等，为读者提供了法律实践中的具体指导。本书将法律思维与法学理论的应用延伸至现代社会各领域，展现了法律思维与法学理论的广泛适用性与实践意义。

本书既注重基础理论的阐述，又紧密结合实践，为读者提供一套完整的法律思维与法学理论知识体系。同时，本书采用通俗易懂的语言，使得复杂的法律知识变得易于理解和掌握。无论是对于从事法律专业人员，还是对于广大法律爱好者来说，都是一本极具价值的参考书籍。

本书在写作的过程中得到许多专家学者的指导和帮助，在此表示诚挚的谢意。书中所涉及的内容难免有疏漏与不够严谨之处，希望读者和专家能够积极批评指正，以待进一步修改。我们期待本书的出版能够为法律思维与法学理论提供有力的理论支持和实践应用指导，为推动我国法律思维与法学理论作出贡献。

作　者

2024 年 8 月

目 录

前 言 …………………………………………………………………… 1

第一章　法律思维基本概述 ……………………………………… 1

　　第一节　法律思维的含义与特征 ……………………………… 1
　　第二节　法律思维的构成要素与意义 ………………………… 8
　　第三节　法律思维与法治思维的关系 ………………………… 22

第二章　法律思维的理论基础 …………………………………… 34

　　第一节　法律思维的三层次论 ………………………………… 34
　　第二节　法律思维的理论进路 ………………………………… 51
　　第三节　法律思维的理论关注 ………………………………… 58

第三章　法律思维的模式、方法及立场 ………………………… 69

　　第一节　涵摄思维模式与类型思维模式 ……………………… 69
　　第二节　法律思维的解释方法与论证方法 …………………… 78
　　第三节　法律思维的能动立场与克制立场 …………………… 94

第四章　法的价值与人文精神探索 ……………………………… 103

　　第一节　法的运行、作用与价值 ……………………………… 103

第二节　法的实质与形式正义 …………………………… 123

　　第三节　法律中的情理关系处理 ………………………… 131

　　第四节　法律人文精神的体现与价值 …………………… 133

第五章　行政法的组成要素与诉讼法及其程序 …………… 138

　　第一节　行政主体与行政行为 …………………………… 138

　　第二节　行政程序与行政处罚 …………………………… 146

　　第三节　民事诉讼法及诉讼程序 ………………………… 152

　　第四节　刑事诉讼法及诉讼程序 ………………………… 165

第六章　法学思维与法学理论的应用 ……………………… 176

　　第一节　法律思维在现代企业管理中的应用 …………… 176

　　第二节　法律思维在心理咨询中的应用 ………………… 184

　　第三节　法学理论在金融法学中的应用 ………………… 191

参考文献 ………………………………………………………… 206

第一章　法律思维基本概述

第一节　法律思维的含义与特征

一、法律思维的含义

"法律思维对于法律职业共同体的形成具有重要的作用，法律思维与特定时空之下的法律文化紧密相关，因此，研究法律思维不能不关注法律思维背后的法律文化。"[1]

（一）文化角度的法律思维

法律思维可以定义为"根据法律的思维"，即以法律的原则、规范、概念、理念和方法作为思考问题的出发点，以此来探究事实的法律意义。这一定义强调了法律知识在法律思维中的基础性作用，但同时也指出了法律思维培养的更深层次目标。

法律思维的培养不仅仅是对法律知识的掌握，更重要的是养成一种思维习惯和文化。这种思维习惯和文化的形成，意味着将法律思维内化为人们潜意识中的行为准则和价值观念，成为一种文化自觉。这类似于中国传统文化中的孝文化，它不仅仅是一种道德规范，更是一种深入人心的文化传承。

法律思维的这种社会文化塑造，对于法治社会的建设具有重要意义。它不仅有助于提升公民的法律素养，还能够促进社会成员对法律的尊重和遵

---

[1] 梁鹏宇. 论法律思维 [J]. 吉林广播电视大学学报，2007（4）：119.

守，形成一种以法律为行为准则的社会氛围。这种氛围对于维护社会秩序、保障公民权利、促进社会公正具有重要作用。

为了实现这一目标，需要从多个层面着手：首先，需要加强法律教育，提高公民对法律知识的了解和掌握；其次，需要通过媒体、公共讲座、研讨会等多种形式，普及法律思维的重要性和应用方法。再次，需要在社会治理中体现法律思维，通过公正的司法实践和有效的法律服务，让公民感受到法律的权威和效力；最后，需要培养公民的法律意识，鼓励他们在生活中自觉运用法律思维解决问题。

(二) 法律职业角度的法律思维

1. 法律职业标准的法律思维

法律思维是法律职业者，尤其是法官在处理法律问题时所应具备的专业思维方式。它不仅涉及在法律出现漏洞、模糊或矛盾时的应对策略，而且更广泛地涵盖了在大多数常规案件中的思考模式。法律思维的培养和运用对于确保法律的正确实施、提高司法公正性和效率具有重要意义。

法律思维的培养需要法律人在长期的法律实践中不断学习和锻炼。首先，法律人需要具备扎实的法律知识基础，这包括对法律条文、法律原理和法律制度的深入理解；其次，法律人需要掌握有效的法律思维方法，如形式逻辑和非形式逻辑的运用，以及法律推理和论证的技巧；最后，法律人还需要培养良好的法律思维习惯，如崇尚法律、恪守公正、注重证据和理性分析等。

在法治社会中，法律思维的普及和推广对于提高公民的法律素养、促进法律的正确实施和维护社会公平正义具有重要作用。通过法律教育、法律实践和法律文化的建设，可以逐步提高公众对法律思维的认识和理解，培养公民的法律思维能力，形成全社会尊重法律、遵守法律的良好氛围。同时，法律人也应不断提升自身的法律思维水平，以更好地履行法律职责，维护法律的权威和社会的公正。

2. 法律职业者的实际法律思维

在法学理论中，法律思维通常被理解为法官在处理法律问题时所经历的真实思维过程，以及影响这一过程的各种因素。这种理解强调了法律思维的动态性和实践性，它不仅仅是对法律知识的简单应用，而是涉及法官如何从现有的法律规则、逻辑要求和法律方法中推导出判决结论的复杂过程。

法律思维的研究着重于司法决策的细节，包括法律规则的解释、证据的评估、事实的认定以及法律适用的推理等。这些细节共同构成了法官在案件审理中的思维模式，影响着判决的公正性和合理性。同时，法律思维的研究也关注那些可能影响法官思维模式的外部因素，如社会价值观、法律文化、法官的个人经历和偏好等。

在法律职业者的标准法律思维与法官在实际案件中所运用的思维过程之间，存在着复杂的关系。

一方面，对法律职业者应如何思维的研究，旨在确立一套思维规则或至少是交流与论证的规则，以对法官的专断权力进行必要的限制。这种研究强调了法律思维的规范性和约束性，它试图通过明确的规则和程序来指导法官的决策过程，减少主观性和随意性。随着对法官自由裁量权的认识，法律方法的发展被视为设置新的适用法律规则的途径。法律方法提供了一套系统化的技术，帮助法官在面对模糊或冲突的法律规则时，如何进行选择和适用。此外，对法律职业者的道德要求也成为讨论的一部分，强调法律职业者应具有崇尚法律、维护正义的精神追求，这体现了法律思维的价值导向和伦理要求。

另一方面，对法官实际思维过程的研究则采取了现实主义的路径，探究法官在法律允许的范围内拥有多大的决策空间，以及他们如何在这一空间内进行操作并得出结论。这种研究揭示了法官在实际案件中的思考过程可能与理论上的标准法律思维存在差异，法官的个人判断和选择在一定程度上影响着案件的判决结果。

即便法律职业者的标准法律思维被研究得非常细致，其对法官的实际限制作用仍然有限。特别是道德精神方面的限制往往依赖于法官的个人自律，而法律方法对法官的限制则更多体现在交流和论证的层面上，具有一定的弹性。这意味着法官在案件审理中仍有一定的自由裁量空间，他们需要在法律规则和个人判断之间寻找平衡。

二、法律思维的特征

法律思维作为一种专业思维模式，其特征的探讨对于深入理解法律实践和法律职业者的思维方式具有重要意义。学者们对法律思维的特征进行了多角度的分析和总结，提出了多样化的特征描述。

在众多特征中，一些共性的特征被反复提及，它们构成了法律思维的核心要素。例如，法律思维强调权利义务的分析，倾向于普遍性原则而非特殊性例外，重视合法性超过客观性，注重形式合理性胜过实质合理性，优先考虑程序问题，以及在论证中理由的重要性超越结论本身。

此外，法律思维的特征还体现在其对依法办事的坚持、兼听则明的态度，以及基于三段论推理的逻辑结构。法律职业者在思考过程中，使用专业术语，遵循程序，倾向于向后看的习惯，注重逻辑严密性，谨慎处理情感因素，关注过程和形式性，以及追求程序中的相对真实性。

尽管对法律思维特征的描述存在多样性，但通过细致的分析和比较，可以发现一些特征在司法领域的法律思维中表现得尤为明显。这些特征不仅反映了法律人的价值选择，而且体现了法律方法层面的深层次要求。通过对这些特征的系统化概括，可以更清晰地描绘出法律思维的专业轮廓，为法律教育和法律实践提供理论指导和参考价值。

（一）法律性

法律思维的核心特征在于其对法律规范的严格遵循和应用。在法律思维的过程中，"关于法律的思维"确立了法律人思考的立场和方向，而"根据法律的思维"则是解决问题的具体实践，体现了法治的核心要求——依法治理。法治的实现依赖于法律规范的普遍适用，这些规范由权威机关制定，为社会成员的行为提供预期性，并确保平等与公正。

法律的非人格化特征使其成为社会治理中的重要工具，减少了个人化命令带来的武断和偏见。在法治社会中，法律人必须依据法律来评判行为的合法性，而非基于个人的道德观念或信念。在具体的法律实践中，法官或法律人需在法律框架内解决问题，忽略与法律无关的事项，以简化问题解决的复杂性。例如，在借贷案件中，法官将依据借条等法律文件来确定权利和义务，而忽略借款背后的原因和细节，因为这些并不具有法律意义。

法律思维的另一个重要方面是其对法律规范的依赖性。法律人必须在现有法律规范的约束下思考问题，只有在法律未明确规定或存在冲突时，才考虑其他解决方案。法律的权威性要求法官在判决中追溯至权威性的法律依据，确保判决的正当性和约束力。尽管法律思维强调法律规范的严格应用，但这并不意味着完全排除道德、政策或经济因素的考量。这些因素可以通过形成法律原则的方式进入法律决策过程，但必须能够对有效法律规则进行解释或证明。因此，法律思维在考虑这些因素时，仍然坚持以法律为基础，而不是抛开法律进行思考。

（二）工具性

法律思维在分析和解决问题时，将权利和义务作为其核心工具。在法律领域，权利与义务构成了法律现象的基本逻辑，贯穿于法律的所有部门和运行过程。法律通过设定权利和义务的机制来调整人的行为和社会关系，其规范内容通常由行为模式和法律后果组成，其中行为模式以授权、禁止和命令的形式体现为具体的权利和义务。

法律后果则是基于行为模式对权利义务进行再分配的结果。权利和义务不仅是法律规范中的关键要素，也是分配社会利益的重要工具。通过明确规定权利和义务，法律能够影响和引导个体行为，实现社会利益的合理分配。此外，权利和义务在法律规范中占据的地位，确保了它们在法律的制定、执行、遵守、裁决以及监督等各个环节中发挥着关键作用。

在法律思维中，面对问题或纠纷，法律专业人士会依据法律规范对案件事实进行重构，将具体的事实转化为权利义务问题，并以权利义务的形式表达解决方案。这种思维方式与经济学或政治学分析方法不同，后者可能更侧重于成本效益分析或利害关系考量。而法律思维则专注于通过确认和执行买卖双方在合同关系中的权利和义务，来决定相应的法律后果。

法律思维的这一特点体现了其在处理现实问题时的独特视角和方法，即通过法律规范中确认的权利义务来落实或恢复权利义务，以实现法律的规范目的和社会的公平正义。这种以权利义务为核心的思维模式，不仅有助于简化和明晰法律问题，而且促进了法律规范的明确性和可操作性，为法治社会的构建提供了坚实的理论基础。

（三）保守性

法律思维的保守性特征源自司法权的被动本质，与行政权的主动性形成鲜明对比。在司法过程中，为了确保裁判的公正性，法官必须保持中立和被动，仅对当事人提交的争议进行审理，不得主动干预未提交的事项。这种被动性体现了司法的中立原则，要求法官在缺乏先入之见的情况下，根据正义对事实进行判断，从而确保判决的公正无私。

此外，法律思维的保守性还体现在法律人对过往法律规则和先例的重视，而非对未来的预测或创新。法律的稳定性和意义的安全性是其核心价值之一，为社会秩序提供了保障。法律规则的确定性为个人和政府行为提供了可预测性，而频繁变动的法律规则将导致社会混乱。因此，法律思维倾向于维护法律规则的稳定性和权威性，强调对现有法律规则的尊重和遵循。

法治社会中，法律的权威性是维护个人自由和权利的关键。法律人处理社会事务和解决争议时，应尊重并维护法律规则的权威性，以促进法治的实现。权力分工原则进一步强调了法律人在既定规则框架内解决问题的重要性，法官作为法律的适用者，而非制定者，其职责是依据现有法律规则公正地裁断案件。

尽管法律规则可能存在局限，如过于一般化、可能导致不公正结果或因社会变迁而变得不适应，法律人在处理案件时仍需发挥创造性。然而，这种创造性并非摒弃现有规则，而是基于对现有规则和先例的理解，结合对未来形势的判断，进行审慎的创新。法律思维的创造性是在保守性的基础上发挥作用，确保法律适应社会发展的同时，不失去其稳定性和权威性。

（四）缜密性

在法律实践中，法律人面对案件时需处理的核心问题是事实问题和法律问题。事实问题的关键在于将具体案件的事实转换为具有法律意义的事实。

这一过程要求法律人严格依据证据规则，区分案件事实与客观事实，确保案件事实得到充分、可靠的证据支持。直接证据以其直接性为案件事实的确定提供了强有力的支持，而间接证据则需通过逻辑推理相互关联，形成完整的证据链，以确保事实认定的准确性和完整性。

在处理法律问题时，法律人需运用严密的逻辑推理，将法律规范适用于具体案件。法律思维的缜密性要求法官在灵感和直觉的引导下，仍需通过严格的逻辑推理过程，将所得结论理性化。演绎推理，尤其是三段论推理，构成了法律思维逻辑基础的核心。法律人必须确保推理过程的每一步都符合逻辑规则，从而保障法律结论的有效性。

尽管形式逻辑在法律推理中占有重要地位，但它并不能解决所有问题。形式逻辑确保了结论的逻辑有效性，但结论的真实性需要依赖于大前提的真实性。在法律推理中，大前提的确定往往涉及法官对法律规范的选择和解释。为了使这种选择和解释具有说服力，法律人必须进行符合逻辑规范的论证。这一过程不仅体现了法律思维的逻辑性，也反映了法律思维在处理法律问题时对证据和逻辑的严格要求。

（五）确定性

法律追求确定性的理念是法治社会的基石，它体现了法律的内在价值和基本理想。在法律的内在道德框架中，"明确性"作为法律的一个重要条件，确保了法律规范的清晰和可预测性，从而引导人们规划和计算自己的行为及其后果。尽管后现代法学对法律确定性提出了挑战，认为法律的不确定性是一种普遍现象，但这种观点可能过于悲观。人类社会的持续存在和交往活动的不断进行表明，确定性是社会生活的常态，而不确定性仅是偶尔的变奏。因此，法律思维在追求确定性的过程中，首先体现在法律结论的明确性上。

面对案件，法官可能面临多种法律规范的选择、法律规范的缺失或多种解释的可能性，但法官的职责是作出明确的判决，而非在不同观点间摇摆不定。法律结论的多元性是法律判断过程中价值评价的必然结果，但从外在视角来看，法官必须追求给出一个"唯一正确"的答案。尽管在现实中不存在完美无缺的法官，但追求这一理想是法律人应当坚持的方向，这对于维护司法公正和司法权威至关重要。

法律结论的获得过程也反映了对确定性的追求。尽管法律不确定性是不可避免的，但这并不意味着理性在法律领域无能为力。法律论证理论和程序性的商谈理论为克服不确定性提供了可能的途径。通过这些理论，法律人可以在理性的基础上，通过严谨的论证和公开的讨论，寻求减少法律不确定性，增强法律的确定性和可预测性。这种对确定性的追求不仅是法律思维的重要特征，也是法治社会正常运作的前提。通过不断的理论探索和实践应用，法律人可以更有效地应对法律不确定性，促进法律体系的完善和发展。

第二节 法律思维的构成要素与意义

一、法律思维的构成要素

法律思维作为思维学的一个分支，其结构同样由知识结构、感知模式和思维模式三个相互关联的要素构成。在法律思维的过程中，思维主体对客体的反映、认识和把握，遵循着思维的一般规律，但法律思维的特殊性在于其始终以法律为基础和出发点。

法律思维的知识结构是指法律人头脑中所存储的法律知识的数量、种类和层次，以及这些知识之间的联结方式。这一结构不仅包括对法律规范和原则的记忆，还涵盖了对法律概念、法律逻辑和法律制度的理解。法律知识结构的深度和广度直接影响法律思维的质量和效率，是法律思维能力的基础。

感知模式则涉及法律人在面对案件或法律问题时的感知和认知过程。它包括对案件事实的识别、对法律关系的感知以及对法律适用的预判。法律感知模式的形成通常基于法律教育、实践经验和个人对法律价值的理解。这一模式使得法律人能够迅速识别和处理与法律相关的问题，是法律思维敏捷性和准确性的关键。

法律思维的思维模式是指法律人在分析和解决法律问题时所遵循的思维路径和方法。它通常包括法律推理、类比推理、归纳和演绎等逻辑形式，以及对法律原则和规则的应用。法律思维模式要求法律人在思考过程中保持逻辑性和系统性，确保法律适用的正确性和一致性。

在法律思维的实践中，知识结构为法律思维提供了必要的知识基础，感知模式决定了法律人对案件的敏感度和认知角度，而思维模式则确保了法律问题解决的逻辑性和合理性。三者相互协作，共同构成了法律思维的整体结构，使得法律思维在处理复杂的法律问题时能够展现出专业性和系统性。法律思维结构的优化和提升，对于提高法律实务的质量和推动法治社会的发展具有重要意义。下面我们主要从法律思维的知识结构和感知模式方面来谈论法律思维的构成要素：

(一) 法律思维的表层知识结构——法律知识

法律思维的活动并非在思维主体的空白状态中进行，而是在一定知识积淀的基础上展开。知识是思维的基础，它按照深度和等级的不同，可以分为一般基础知识、专业基础知识和专业知识。对于法律思维而言，专业知识尤为重要，它主要由法律概念、法律规范和法律原理构成。

法律概念是法律思维的基石，是法律现象认识和把握的起点。概念的功能在于将复杂的生活事件进行归类，并赋予其法律意义上的相同性，从而简化世界，便于人们理解和操作。法律概念的掌握和运用是法科学生学习法律、认识法律世界的初步，也是法律思维的具体表现。法律概念的体系化是法律知识结构化的关键，它通过法学家创造的概念来实现。

法律规范是法律世界的构成要素，它通常包括行为模式和法律后果，反映了法律的基本功能——行为调整功能。法律规范通过法律条文表现出来，有时一个条文表达一个规范，有时则需要多个条文共同构成。法律人在进行法律思维时，会将问题纳入法律规范调整的领域，判断案件事实是否符合法律规范的构成条件，从而确定相应的法律效果。法律人必须具备从法律条文中抽象出法律规范的能力，并理解法典是一个和谐关联的整体。

法律原理是法律思维的前提性因素，它包含了从维护法治角度出发应遵循的基本原则。这些原则包括法律至上、权利观念和形式正义等。法律至上原则强调法律的权威性和稳定性，权利观念关注法律目的在于实现人的权利，形式正义则关注法律的平等性和程序正义。法律原理还包括法律关系原理、犯罪构成原理等，构成了进行法律思维的基本框架。

法律思维结构的优化和提升，依赖于法律人对法律知识结构、感知模式和思维模式的深入理解和有效运用。法律人必须在法律原理的指导下，运用法律概念和法律规范，进行严密的逻辑推理，以实现法律的公正和效率。通过不断学习和实践，法律人能够提高法律思维的能力，为法治社会的建设作出贡献。

（二）法律思维的深层知识结构——法律方法

法律思维在司法场域中针对个案判决的生成扮演着核心角色，而法律方法则是实现这一思维的具体技术手段。法律方法不仅为法律裁决提供依据，而且为批判性论辩开辟可能，对于法律人自我认知、自我监督以及维护权力分立、法律安定性与平等对待等方面均具有重要意义。法律方法属于法律专业知识的一部分，更确切地说，它构成了思维主体深层知识结构的内容，与法律概念、规范和原理等表层知识结构相互依存、相互渗透。

第一，传统法学将法律方法主要界定为法律解释的方法。这包括了萨维尼总结的四个要素：语法要素、逻辑要素、历史要素和体系化要素。然而，随着法学研究的不断深入，法律方法的范畴也在不断扩展。特别是进入20世纪后，随着实践哲学的复兴和论证理论的发展，法律论证方法作为法律方法的一部分受到了广泛关注。

法律方法主要包括：法律发现、法律推理、法律解释、价值衡量、漏洞补充以及法律论证方法。这些方法不仅丰富了法律方法论的研究内容，而且为我国法学方法论的发展提供了多元化的视角和更为广阔的发展空间。通过这些方法的综合运用，法律人能够更加系统和科学地分析和解决法律问题，提升法律思维的质量和效率，从而更好地服务于法治社会的建设。

在司法裁判过程中，法律发现是一项至关重要的法律方法，其核心任务在于从多样化的法律渊源中识别和选择适用于个案的法律规范。这一过程构成了司法裁判大前提的构建，是法官面对具体案件时不可或缺的步骤。法官必须在众多的法律条文中筛选出相关条文，进而通过其他法律方法确定最终适用的法律规范。

即便在处理简单案件时，法律人能够迅速得出结论，这并不意味着法律发现的过程被省略，而是由于案件本身的简单性或法律人基于长期经验而使法律发现过程变得高效。法律发现与法律渊源理论紧密相连，法律人通常首先从法律的正式渊源中寻找适用的法律规则，仅在正式渊源无法满足法律价值或缺乏明确规定时，才会考虑非正式渊源的辅助作用。

在实际操作中，法律发现的过程不仅仅是一个技术性的搜索活动，它还涉及到法律人的法律感、是非感等复杂的心理因素。因此，法律发现作为法律方法的一部分，在法律人的具体裁判中的作用是有限的，它主要为案件裁决提供了一个初步的方向。法律结论的正确性需要依赖于其他法律方法的进一步检验和论证。

法律发现与法律思维之间存在密切的联系。法律发现不仅是法律思维的一个组成部分，也是法律思维在实践中的具体应用。没有法律思维的参与，法律发现活动将无法有效进行。法律思维为法律发现提供了理论基础和思考框架，确保了法律发现的方向性和合理性。因此，法律发现和法律思维相辅相成，共同推动了法律规则在具体案件中的准确适用和司法公正的实现。

第二，法律推理涉及从已知的法律前提到法律结论的逻辑推演过程。根据休谟的分类，推理可分为证明的推理和或然的推理，法律推理亦遵循这一区分。证明的推理在法律推理中体现为形式推理，主要通过司法三段论的形式，在法律规范、案件事实与裁判结论之间构建逻辑上的必然联系。而或然推理则涉及更为复杂的法律解释和价值判断，其结论建立在对法律意图、价值取向、社会政策等实质内容的考量之上，具有不确定性。

法律推理的核心在于形式推理，即三段论推理，这是因为形式推理为法治理论提供了逻辑上的支撑，确保了法律的稳定性和权威性。尽管如此，实质推理在法律实践中同样不可或缺，它涉及对法律规则背后的意图和社会价值的深入探讨。然而，由于其实质推理的结论具有或然性，法律人在运用时应保持谨慎。

法律推理不仅是法律方法的一部分，也是法律思维的重要表现形式。法律推理与一般推理的区别在于其专门针对法律问题的逻辑推演，且必须建立在法律思维的基础之上。这意味着，法律推理不仅仅是将形式逻辑应用于司法领域，而是要求法律人在推理过程中始终遵循法律的规范和原则。

在法律推理的过程中，法律人必须综合考虑法律的形式结构和实质内容，确保推理的合法性和合理性。通过法律推理，法律人能够将抽象的法律规范具体化，适用于具体的案件事实，从而实现法律的公正和效率。因此，法律推理在法律思维和法律方法中占据了核心地位，是法律人分析和解决法律问题的关键工具。

第三，法律解释对于司法过程具有不可或缺的作用。历史上，尽管存在限制法官法律解释权的尝试，但实践证明，未经解释的法律规范往往难以适用于具体案件。哲学解释学的观点进一步强调了理解、解释和应用的一致性，使得法律解释成为司法活动中的一个必要环节。

传统的法律解释方法包括语法解释、逻辑解释、历史解释和体系解释，而现代法律解释方法则扩展至目的解释、社会学解释等。在众多解释方法中，并不存在固定的位阶关系，而是根据案件的具体情况选择适用的解释方法。普遍认为，文义解释是首先需要考虑的解释方法或因素。法律解释不仅是法律思维在具体案件中的运用，更是法律思维外化的过程。法律思维是法律人内心的活动，而法律解释则是将内心形成的法律结论具体表述出来。面对法律的不完备性，法官在案件裁判中不能简单地以法律未作规定为由拒绝裁判。因此，法官需要运用各种方法来补充法律漏洞，这一过程也被称为法官造法。法律漏洞补充的方法包括类推、目的性限缩以及基于"事物本质"的法律创造等。在填补法律漏洞时，法官应遵循法律的目的和精神，确保所确定的裁判规则与现有法律规则体系相一致，同时为未来类似案件提供一般性规范。

法律漏洞补充的思考和操作应在法律框架内完成，而不是脱离法律的独立思考，因此，它仍然是法律思维的一部分。这一过程体现了法律人对法律规范的深刻理解和对法律精神的准确把握，是法律思维在司法实践中的重要应用。通过法律解释和漏洞补充，法律人能够确保法律的适用性和前瞻性，满足社会发展和司法公正的需求。

第四，价值衡量主要用于解决法律规范之间的冲突，为裁判主体提供具体的规则。该方法在处理案件时，涉及对不同法律价值的权衡，如自由、安全、平等、秩序和效率等，这些价值之间并不存在一个固定的阶层秩序。尽管价值衡量有时被等同于利益衡量，但在实际操作中，法官并不是完全依据个人主观见解进行裁判，而是遵循一系列原则，如明显价值优越性原则、比例原则和最轻微侵害手段原则等。法律论证方法则关注于检验法律决定的有效性和可接受性，它通过理性途径解决法律问题，使法律决定建立在普遍化证成的基础上。法律论证有助于限制法官的任意性，确保判决的合理性和可推敲性。法律论证理论从逻辑、理性言说和新修辞学等多个向度展开，强调法律思维的理性特征。

在实际的法律思维过程中，尽管灵感和直觉可能对思维方向有所指引，但法律结果应当基于法律规范并通过论证获得。法律方法的使用没有固定的顺序，它们相互交织，需要法律人通过不断训练来掌握和应用。尽管不同法律人对方法的偏好存在个体差异，但法律方法作为法律人的共同语言，对于形成共识、限制法官任性判决以及推动法治的实现具有重要作用。这些法律方法，包括价值衡量和法律论证，不仅是解决具体法律问题的工具，也是法律思维理性化和系统化的体现。

(三) 法律思维的感知模式——法律技巧

在法律实践中，将法律理论知识和方法应用于具体案件的解决，需要依赖于法律人所掌握的技巧。法律技巧是连接案件事实、法律知识和法律方法的桥梁，它属于法律思维的动态要素，对于法律思维的顺利展开起着至关重要的作用。法律技巧涉及利用法律或事实中的某一因素，灵活而不失原则地处理案件，它虽然具有个体性，但在具体案件中展现出的技巧含有理性成分及逻辑方法的应用。法律技巧在法律思维结构中属于感知模式的范畴，它不同于思维模式，更多的是基于个体经验对法律问题的反映和处理。法律技巧是从具体感知中提炼出来的，对加工法律问题具有普遍适用性的程序。

法律知识和方法虽然是静态和稳定的，但法律人对它们的运用却体现了个体差异。法律知识是对以往经验的抽象、归纳和概括，它并不能涵盖生活事实的全部细节，也不存在与现实世界的一一对应关系。在解决具体案件时，法律知识的局限可能会显现，如法律知识可能未提供现成答案，或其与案件事实部分重合但适用性存疑，或其提供的解决方案与正义观念不符。法律的抽象性是其作为普遍规范的基础，但也正是这种抽象性导致法律在个案处理时可能面临挑战。法律方法的应用在不同法律人之间可能产生不同的解决方案，而法律技巧的运用则能够产生具有智慧的解决方案。法律技巧的应用不仅体现了法律人的专业知识和经验，也展现了其在具体案件中的主观能动性和创造性。通过不断训练和实践，法律人能够提升其法律技巧，从而更有效地将法律知识和方法应用于具体案件的解决，推动法治的发展和实现。

法律技巧在法律实践中扮演着至关重要的角色，它与法律知识和法律方法不同，更多地体现了个人化的特质。法律知识和法律方法构成了法律人的基本技能，而法律技巧则是实践这些知识和方法时所展现的个人智慧和创造性。法律技巧的运用不仅限于简单案件的处理，它还能使法律人在面对复杂案件时提出更为灵活和创新的解决方案。这种技巧与个体经验紧密相关，是主观的、不可模仿的，并且往往带有天赋的性质。法律技巧不是通过简单的训练就能获得的，而是法律人通过长期的实践、思考和经验积累而形成的。法律技巧的运用体现了法律思维的灵动性，它能够引导法律思维的方向，并在法律知识和法律方法的基础上，通过灵感思维与法律经验的结合，产生不同的法律结果。法律技巧的应用必须在法律的框架内进行，遵循法律的原则和精神。技巧的运用不是为了规避法律，而是为了更精准地解释和适用法律。

二、法律思维对法治建设的意义

法律思维是法治建设的灵魂，它不仅需要被法律工作者所认可，更应转化为具体实践，同时获得统治者和社会大众的广泛接受。这对于实现建设社会主义法治强国的目标具有决定性意义。法律职业工作者，包括但不限于法官、检察官、律师、基层法律服务工作者以及法学学者等，他们在法律体系中各司其职，共同构成了法治建设的中坚力量。

法官作为司法独立的捍卫者，其对法律思维的运用直接关系到案件的公正裁决，影响着法治的公信力。检察官在监督法律实施和维护社会公益方面发挥着关键作用，其对法律思维的深刻理解和正确应用，有助于保障法律的权威性和有效性。律师作为当事人合法权益的维护者，其对法律思维的精准把握能够更好地为客户提供法律服务，促进法治社会的和谐稳定。

基层法律服务工作者在普及法律知识、解决民众法律问题方面扮演着重要角色，他们的工作有助于提升公民的法律意识和法治素养。法学学者则在法律思想的创新、法律文化的传播以及法治理念的教育上具有不可替代的作用，他们的研究成果能够为法律实践提供理论支撑和指导。

法律思维的贯彻落实，不仅要求法律工作者具备扎实的专业知识和技能，还要求他们能够在实际工作中坚持法律原则，运用法律逻辑，进行合理的法律解释和推理。此外，法律工作者还应具备良好的职业道德，以公正无私的态度处理法律事务，赢得社会的信任和尊重。

(一) 法官、检察官思维对法治建设的意义

法律职业共同体是一个由法律专业人士构成的群体，成员包括律师、法官、检察官等，他们因共同的职业特性和目标而紧密联系在一起。这个共同体不仅是法治建设的实践者，更是推动法律文化和社会正义的关键力量。在这一共同体中，法官和检察官扮演着尤为重要的角色，他们的专业素养、职业操守和法律思维对法治社会的构建具有深远的影响。

法官作为司法公正的守护者，其思维模式对于维护社会秩序和保障公民权利具有决定性的作用。法官思维的核心在于法律的适用与解释，通过对案件事实的审理，法官需要将法律规范与具体事实相结合，作出公正的裁决。这种思维模式强调法律的稳定性和预测性，以及对法律规范的严格遵守。法官在处理案件时，不仅要依据法律条文，还要考虑法律的目的、原则和社会效果，以确保裁判结果的合理性和公正性。

检察官作为法律监督的执行者，其思维模式则更侧重于对法律实施的监督和对不法行为的矫正。检察官思维具有明显的主动性和攻击性，其职责在

于发现和纠正违法行为,保护法律的尊严和社会的公共利益。检察官在履行职责时,需要具备敏锐的洞察力和坚定的法律信念,以确保法律的正确实施和正义的实现。

法官思维与检察官思维虽然在职责和侧重点上存在差异,但它们共同体现了法律职业共同体对法治原则的坚守和对法律价值的追求。这两种思维方式都具有表征作用和引导作用,对整个社会的法治水平产生重要影响。一个国家和社会的法治水平,在很大程度上取决于法官和检察官的思维方式和职业行为。

在推动法治建设的过程中,法官和检察官需要相互配合,共同维护法律的权威和社会的正义。法官在裁判过程中,需要检察官提供准确的法律监督和有效的证据支持;而检察官在执行监督职能时,也需要法官公正的裁决来实现对违法行为的惩处。这种相互依赖和协作关系,有助于形成一个高效、协调的司法体系,保障法律的正确实施和社会的公平正义。

法律职业共同体的成员,通过各自的专业技能和法律思维,共同构建了一个坚实的法治基础。他们的行为和思维模式对于培养公民的法律意识、提高社会治理的法治化水平具有重要作用。为了实现建设社会主义法治强国的目标,法律职业共同体的每一位成员都应不断提升自身的专业素养,坚持法治原则,以公正、专业、高效的形象赢得社会的尊重和信任。通过不断的努力和探索,法律职业共同体将为推动法治建设和社会进步作出更大的贡献。

(二)律师思维对法治建设的意义

律师作为法律职业共同体的重要组成部分,在法治建设中发挥着不可替代的作用。与法官、检察官等其他法律工作者相比,律师在法律服务、权利维护、法律监督等方面具有其独特的职能和作用。律师思维,作为律师在法律实践中形成的一种专业思维方式,对于法治建设具有重要的推进作用和修正作用。

律师思维的推进作用和修正作用,不仅体现在个案的处理上,更体现在对整个法律制度的完善和发展上。律师通过参与诉讼、提供法律咨询、开展法律教育等多元化途径,积极推广法律知识,增强公众的法律意识,从而为法治文化的构建做出贡献。

在案件处理过程中，律师的专业素养和创新能力不断推动法律适用方法的革新，为解决复杂的法律问题提供新的视角和策略。这种专业思维方式的运用，不仅提升了法律服务的质量，也为确保法律的正确和公正实施提供了坚实保障。

律师在法律实务中的积极探索，有助于识别和解决现有法律体系中的不足，进而提出改进建议，促进法律规范的持续优化。律师的专业批评和建设性反馈，对于提高法律制度的适应性和有效性具有重要意义。律师在法治教育和普及方面的努力，有助于培养公众的法律素养，使法律不仅是专业人士的工具，更成为社会成员共同遵守的行为准则。通过教育和普及活动，律师帮助公众理解法律的重要性，认识到法治对于维护社会秩序和保护个人权益的作用。

（三）法学学者思维对法治建设的意义

法学学者在法律职业共同体中扮演着理论探索者和知识创新者的角色。他们通过深入的学术研究，为法律实践提供理论基础和智力支持，对法治建设具有重要的批判、指引和推动作用。法学学者的研究成果不仅丰富了法律理论的内涵，也为法官、检察官和律师等实务工作者提供了宝贵的思考角度和解决问题的方法。

第一，法学学者通过对法律规范、法律制度、法律文化等方面的系统研究，为法律实务提供理论指导。他们的研究涉及法律的基本原则、法律效力的来源、法律与社会关系等多个层面，这些研究成果有助于法律实务工作者更准确地理解和适用法律，提高司法决策的科学性和合理性。

第二，法学学者通过批判性思维，对现行法律制度和司法实践进行反思和审视。他们运用法律哲学、法社会学、比较法学等多学科知识，分析法律实践中存在的问题，提出改进建议。这种批判性思维有助于发现和解决法律制度的缺陷，推动法律制度的完善和发展。

第三，法学学者在法治建设中的指引作用体现在他们对法律发展趋势的预测和对法律改革方向的引导。通过对国际法律发展动态的观察和研究，法学学者能够为国内法律改革提供参考和借鉴，促进法律制度的国际化和现代化。

第四，法学学者通过探索新的法律领域，如网络法、环境法、知识产权法等，不断扩展法律知识的视野。这些新兴领域的研究不仅丰富了法律学科的内涵，也为解决现实社会中的新问题提供了法律支持。

第五，法学学者通过教育和培训，培养新一代的法律人才。他们在高等院校和研究机构中传授法律知识，激发学生的批判性思维和创新意识，为法律职业共同体输送新鲜血液。这些法律人才将成为未来法治建设的中坚力量。

三、法律思维与法治思维概念的现实意义

（一）理论意义

众所周知，法治思维是依法治国的关键之所在。全面推进依法治国的根本路径，不仅需要全民拥有法治思维，还要在社会中加以推广，尤其是对领导干部，更要强调法治思维的重要性。这就需要对领导干部进行长期培训、定期测试，实行理论培养与案例指导相结合的模式，并在实际案例中进行探索和考核，以完善这一制度在他们心中的牢固观念。实现依法治国，依托的不仅是人民群众的法治思维，更应当是党政机关干部的法治思维。如果说，完善的法律制度是依法治国的重要前提，那么根深蒂固的法治思维便是依法治国的重要保障。它确保法律制度得以顺利运行，确保法律面前人人平等，且其实施不受人为的限制与阻碍。只有法治思维为依法治国创造了良好的法治环境，为群众和公仆引导高效互动，才能保证法治思维对依法治国的影响重大而深远。而比较二者概念之间的区别和联系，则能够更为深入地执行与推广依法治国的宏观理论和框架，以期对其产生深远的影响。

1. 对依法治国的深远影响

法治思维与法治思维虽然同属思维方式，但其背后也有他们所属的价值。其提出符合一定的社会背景，并且有着他们自身的文化价值与观念的烙印，离不开政治、经济、社会环境与改革的大背景。同时，在同时期的社会

大背景下，推广其他政策也要得到法治思维和法律思维的配套才能得以顺利施行。因此，比较法治思维与法律思维的关系就是在权衡同时期下政治决策的考量、经济政策的动向及文化推广的含义，了解清楚二者间的区别和联系意义非同小可、不容小觑。

从西方法律发展史的角度来看，法治是一种良好的思维方式，而法律思维也不例外。二者的有机结合均有利于国家的繁荣与发展。尤其法治思维，它主要强调的是领导层看问题、处理事情的高瞻远瞩的角度与思维方式。但法治社会的实现同样仰赖于法律思维的发展，所以，作为领导者，弄清法治思维与法律思维的关系便显得极其的重要。它的影响大到治国理政方针的制定，小到与民打交道时的言谈及举止。但是，如果不把法治思维与法律思维的方式推广到社会中，就不能最大限度地发挥其效应，当然，须以弄清二者间的区别与联系为前提。可见，比较法治思维与法律思维的异与同对和谐社会起着至关重要的作用，影响深远。

2. 对和谐社会的促进作用

众所周知，构建和谐社会须秉承民主、法治，其中法治的推广起到了举足轻重的作用。而法治思维和法律思维的发展势必有其广阔的天地，能为和谐社会的建设添砖加瓦。

法治思维和法律思维是管理社会的基本模式之一，这两种思维间相辅相成的关系可以让其对社会的管理更加科学化、制度化与人性化。如果没有法治思维和法律思维的辅助和协调，那么对社会的管理会存在一定程度的缺失，导致社会矛盾的产生甚至激化，凸显出管理者的缺乏专业素养。而对法治思维与法律思维相得益彰的运用则会减少以上存在的矛盾问题。

如今我们倡导依法治国，就这一政策的提出应该给予相应的配套政策的出台，而以法治思维和法律思维相结合的方式进行综合运用的社会管理模式，无疑是一大创新亮点。比较二者间的区别于联系更是可以提高运用它们的效率，对社会管理具有极大的促进作用。

3. 对培养法律人基本品格的建设性意义

和谐社会，最主要的是人与人之间的和谐。其中最重要的便是对人的建设与投资。现代社会，与其说是军事战、科技战、经济战，不如说是人才之战，而这就要求我们在构建和谐社会时掌握人才的培育机制。由于法治思维和法律思维的职业化程度较高，所以便成为法律人最基本的素养和法学品格。因此，从大学教育阶段就应该更加注重法律人才法治思维与法律思维的培养，而司法考试是法律人合格与否的最重要的鉴定器，因此在这一审核与考察的过程中应逐步加强对法治思维与法律思维的运用的考察，才能使得它们的施行有现实性意义。

（二）实践意义

思维方式决定行为方式，思维方式通过实践外化为人们的行为方式。52思维方式发生于人们对客观世界的认识之中，事实上，行为即思维方式通过实践外化的过程。事实上，就是人们认识世界的一个认识形成的整体过程。思维方式外化为行为方式，就是人们的内在思维方式在外部社会实践过程中的展开。

思维作为一门学科，是生存在同一个社会上的人们共同的要求、共同的利益和共同的向往，具有一般性和共识性。而什么是行为有各种各样的解释。例如行为主义心理学家华生认为人和动物的行为没有区别，所谓行为，即生物体对环境的顺应。现代行为科学则认为人的行为是由人的本能的需要（生理需要、安全需要、社交需要、尊重需要、自我成就需要等）所驱使，强调采用某种刺激手段来激发、强化人的某种行为。由此可见，思维方式对行为可以产生很大的影响。而探讨法治思维与法律思维的区别，可以更好地指导我们的实践。其中，就要发挥领导干部的主观能动性，充分掌握与运用法治思维。

1. 领导干部权责分明

领导干部的全责分明制，是要基于对我国传统管理模式的反思，借鉴国外发达国家的经验，走出"大政府，小社会"的模式，改变过分依赖行政方式治国理政的传统思维模式，放权社会，把法治方式作为治国理政的首选方式。运用法治方式必须遵循权责一致原则、优先适用原则、行政救济原则和程序正当原则。

权责一致原则是指行政管理主体必须采取积极的措施和行动依法履行其职责,而擅自放弃法定职责或对其职责不作为,或违法不当行使其职权,均应承担相应的法律责任。权责一致原则要求行政管理主体所拥有的权力应当与其所承担的责任相对应。根据这一原则,行政管理主体必须在法律授权的范围内行使自身权力,履行自身职责;不能只拥有权力,而不履行其职责;也不能只要求行政管理主体承担责任而不授予其权力。

优先适用原则是指行政管理主体在处理各种问题时,如遇多种方式可以适用,应优先选择法治方式。它在效率、效益等方面可能不是最优方式,却是所有方式中长期效果最好的方式,优先于其他方式,应当优先适用。

行政救济原则是指行政相对人的权益受到行政权的侵害时,必须能够在法律上找到有效的方式和途径予以救济,以期监督约束行政权力的行使,维护公民自身的合法权益。行政救济原则要求行政管理主体在处理社会问题时,为行政相对人提供充分的维护其合法权益的行政救济渠道或途径。行政管理主体应当充分告知行政相对人行政救济的权限、救济方式和救济途径以及救济期限等,以保障行政相对人救济权的实现。

程序正当原则是指行政管理主体实施的任何行政作为,必须严格遵照法律规范来进行。程序正当原则要求行政管理主体处各种问题时,无论选择何种方式,都必须严格遵守法定程序或正当程序。行政管理主体实施行政行为应当事先告知行政相对人、向行政相对人说明行为的根据、理由,听取相对人的陈述、申辩,事后为行政相对人提供相应的救济途径等内容。行政管理主体不能因为自己选择的是法治方式,而脱离法定程序的制约。

2. 严格区别"法治"和"人治"

在探讨治国理政的两种基本方式"法治"与"人治"时,可以发现它们在理念和实践上存在显著差异。法治,作为一种治理模式,其核心在于法律的至高无上地位,它超越了个人意志,成为调节社会关系的根本准则。法治的实施,依赖于一个国家拥有一套完善的法律体系和制度框架,这些制度不仅构成了法律执行的基础,也是保障法治得以有效运行的关键。法治的价值追求体现在对民主、人权、平等和自由的重视,其终极目标是通过法律赋予个体自由，同时确保个体在行使自由时承担相应的责任。法治的实施并不排斥人的作用，相反，它鼓励人民发挥各自的才能，并通过公正的选拔机制，实现人才的最优配置，以促进法治社会的建设。

相对于法治，人治则将个别领导人的意志置于法律之上，导致法律的权威受到削弱。在人治体系下，法律可能成为可有可无的工具，其执行往往受到个人偏好和情感的影响，而非客观公正的法律标准。这种治理方式可能导致法律规范的不稳定和随意性，进而影响社会的公平正义和秩序稳定。

为了实现法治社会的构建，区分法治思维与法律思维显得尤为重要。法治思维强调法律的普遍适用性和优先性，而法律思维则更侧重于法律条文的解读和应用。明确这两者的区别，有助于深化对法治原则的理解和实践，进而为社会主义现代化建设提供坚实的理论基础和实践指导。通过法治的推广和实践，可以促进社会治理的科学化、规范化，为国家的长治久安和人民的福祉提供有力保障。

第三节　法律思维与法治思维的关系

法治思维与法律思维是法学领域中两个核心概念，它们在法律实践中发挥着各自独特的作用。法治思维体现的是一种宏观的治国理念，它要求管理者在社会生活领域中运用法律精神，确立完整的制度框架，以实现法律上的公平正义。这种思维方式强调在合法性的基础上，同时考虑合理性，追求社会效果、政治效果与法律效果的统一，以维护社会稳定和彰显公平正义。法治思维的实施，体现了社会核心价值，并且与党的领导、人民当家作主、依法治国的原则相辅相成，共同服务于国家建设。

法律思维则更侧重于法律职业者在具体案件处理中所运用的思维方式。它以法律知识为基础，以法律观念和意识为背景，使用法律概念和语言作为分析工具，从法律职业者的视角对法律现象进行系统的观察、认识和处理。法律思维注重法律规范的遵循，包括法律条文、程序和权利义务的规定，强调在法律实施过程中的专业化和操作性。

法治思维与法律思维虽然在立意和应用层面有所区别，但二者之间存在着紧密的联系。法治思维为法律思维提供了宏观的指导原则和价值追求，而法律思维则是法治思维在具体法律实践中的体现和应用。法治思维的宏观目标需要通过法律思维的具体操作来实现，而法律思维的专业化分析和判断也需遵循法治思维所确立的基本框架和价值取向。

在法律实践中，正确理解和运用法治思维与法律思维，对于实现法律的公正、效率和权威至关重要。法治思维要求管理者具备全局视野和社会责任感，而法律思维则要求法律职业者具备扎实的专业知识和技能。二者的有机结合，能够确保法律不仅在书本上得到尊重，更在社会生活中得到有效实施，从而推动法治社会的建设。

一、法治思维与法律思维的区别

法治思维与法律思维是两个常被提及且紧密相关但又各自独立的概念。为了深入理解这两个概念，并明确它们之间的区别，可以从主体、客体、内容、对应概念、学科属性以及评价标准等多个维度进行探讨。

法治思维作为一种宏观的治国理念，其主体通常是国家的领导者和社会的管理者，其客体则是整个社会的治理体系和社会秩序。法治思维的核心内容在于通过法律来规范和引导社会行为，推动民主法制的实现，其对应的概念往往是人治思维或政法思维。法治思维的学科属性跨越多个领域，具有综合性，其评价标准主要看是否依法行事，即是否在法律框架内行使权力和解决问题。

相对而言，法律思维则专注于法律领域，其主体是法律职业者，如法官、检察官、律师等，客体则限定在法律领域及其相关学科。法律思维的内容主要围绕权利和义务的关系，其对应的概念包括日常思维和道德思维。法律思维的学科属性更倾向于法教义学，即对现行法律规范的系统研究和解释，其评价标准则侧重于合法性，即是否符合现行法律规定。

通过上述比较，可以看出法治思维与法律思维在服务的对象、关注的范围、核心内容以及评价标准上存在明显差异。法治思维更侧重于法律在社会治理中的整体作用和长远影响,而法律思维则更注重法律规范的具体应用和法律问题的直接解决。理解这些差异对于法律实践者而言至关重要,它们有助于法律人在实践中更好地运用法治思维来指导法律思维,确保法律的正确实施和社会的公正治理。

(一) 主体的不同

法治思维与法律思维作为法学领域的两个重要概念,它们在主体上的差异是理解这两个概念的关键。法治思维的主体主要是国家的领导者和社会的管理者,他们负责国家的治理和社会的管理,是法治国家构建的决策者和引导者。这种思维模式的推广和实践,将法治意识、法治思路和法治方式深度融入法治国家的建设之中,对中国特色社会主义法治进程的推进具有深远的影响。

法律思维的主体则主要是法律职业者,包括法官、检察官、律师以及从事法学教育和研究的专家学者。在西方发达国家的法治实践中,法律职业者以其深厚的法学素养和专业技能,在法治进程中扮演着核心角色。他们不仅掌握丰富的法学知识,而且能够熟练运用法律技术解决各类社会问题。这些法律职业者通常受过系统的法学教育,拥有较高的学历和社会地位,是法治文明进步的引领者。他们的专业性、组织性和积极性对法治建设的进程产生了积极的影响,成为推动法治国家建设的重要力量。

法律职业者的共同法律思维,在法治国家的建设中发挥着基础性的作用。他们的活动不仅体现在司法审判和法律实务中,也体现在法学教育和研究上,为法治社会的构建提供了理论支持和人才储备。为了更好地理解和运用法治思维与法律思维,需要对它们的内涵、特点及其在法治国家建设中的作用进行深入探讨。法治思维强调的是在国家治理中法律的普遍适用性和权威性,它要求领导者在决策时必须考虑法律的约束和社会的公平正义。

(二) 客体的不同

法治思维与法律思维在客体上的区别,是理解两者差异的关键之一。法治思维的客体是整个社会,它关注的是社会整体的公平正义和法律的普遍适用,而法律思维的客体则限定在法律领域及其相关范畴。这种区别在内容和客体上都显得尤为明显。

法律思维是法律职业者运用法律知识和技能解决具体案件的思维方式，它侧重于司法领域内的效果和作用力。无论是法官、检察官、律师还是法学学者，他们都需要具备深厚的法学知识和专业技能，以便在法律领域内进行专业的思考和操作。法律思维要求法律职业者严格遵循法律程序和形式正义，即使某些行为方案在政治、经济或道德上看似有利，如果缺乏合法性基础，也应被排除在考虑范围之外。

法治思维则以公平正义为最高价值目标，它要求社会管理者在履行职责时严格依法行政，保障人民群众的根本利益，并在接受监督的同时，推动法律的正确实施。法治思维的追求不仅限于法律领域，它还涉及社会治理的各个方面，包括社会体系保障的公平、社会成员机会的均等、权利义务的平衡等。法治思维强调的是整个社会应当追求和考虑的第一要素——公平正义。

法治思维的客体之所以不局限于法律层面，是因为它关乎社会治理的全方位。在社会层面，法治思维体现在保障社会成员的权利和义务平衡，以及规则与结果的公平性上。这要求社会管理者不仅要在法律领域内依法行事，还要在更广泛的社会治理中体现法治的原则和精神。

法律思维和法治思维在内容和客体上的区别，决定了它们在社会治理中各自的作用和重要性。法律思维因其专业性和对法律领域的深入挖掘，在司法实践中发挥着关键作用。而法治思维则因其宏观性和对整个社会治理的全面关注，对推动社会公平正义和法治建设具有重要意义。

法律职业者在运用法律思维的同时，也需要理解和掌握法治思维的原则，以便更好地服务于法治社会的建设。法治思维要求法律职业者不仅要在法律领域内追求公平正义，还要在更广泛的社会层面上发挥作用，推动社会整体的和谐与进步。

（三）内容的不同

法治思维与法律思维在内容上的差异，体现了它们各自关注的重点和功能。法治思维以民主法制为核心内容，强调民主与法治的相互关系和统一。在现代法制国家中，民主不仅是法治的目标，也是法治的保障。民主原则确保了法律的正当性和公众的参与,而法治则为民主制度提供了规范和稳定性。法治思维要求社会管理者和领导者在行使公权力时,必须遵循法律原则,以法治的方式来引导社会的发展和进步。

法律思维则专注于权利与义务的具体内容,它是法律职业者特有的思维活动和过程。在这一过程中,权利和义务是法律思维的主要内容,权利代表了公民的合法主张,而义务则是法律所规定的、具有强制力和约束力的规范。

法治思维的内容不仅仅局限于法律领域,它还涉及社会治理的各个方面。法治思维要求社会管理者在决策和行动时,必须考虑到法律的普遍适用性和公平正义,确保所有社会成员的权利得到平等的保护。法律思维的专业化和技术化特点,使得法律职业者能够在复杂的法律问题中,运用专业的法律方法和技术,做出合理、公正的判断和决策。

(四)对应的概念不同

法治思维与法律思维是两个具有深刻内涵的概念,它们各自对应不同的对立面,并在法律实践中发挥着重要作用。

法治思维是与民主法制紧密相连的,它倡导法律的普遍适用和权威性,要求国家的领导者和社会管理者在决策和行动中遵循法律原则,确保程序的正义和结果的公平。法治思维的对立面是人治思维和政法思维,后者强调个人意志和政治目的高于法律,容易导致法律成为政治工具,忽视了法律的独立性和客观性。法治思维的推广和实践,有助于构建一个公平、正义的法治社会,保障公民权利,促进社会稳定和发展。

法律思维则是法律职业者在处理法律问题时所特有的思维方式,它以法律知识为基础,以法律规范为准则,强调事实依据和法律逻辑。与法律思维相对的是日常思维和道德思维,后者可能因缺乏法律专业知识而导致对法律问题的主观和非理性判断。法律思维的运用有助于法律职业者在司法实践中做出合理、公正的决策,维护法律的尊严和效力。

法治思维作为一种积极的、值得鼓励和提倡的思维方式,其价值在于推动法治社会的建设,提高国家治理的现代化水平。它要求国家领导者和社会管理者以法律为准绳，依法行政，公正司法，确保社会秩序和公民权利的保护。法治思维的实践有助于减少人治因素的干扰，防止法律成为政治斗争的工具，确保法律的独立性和权威性。

法律思维作为法律职业者的基本素养，其专业性和中立性是司法公正的重要保障。法律思维要求法律人在处理案件时，摒弃个人情感和主观判断，严格依据法律规定和证据进行分析和判断。这种思维方式有助于提高司法效率，减少司法错误，增强法律的可预测性和稳定性。

同时，日常思维和道德思维虽然与法律思维存在差异，但它们在社会生活中同样具有重要价值。日常思维和道德思维体现了人民群众的价值观和道德观念，它们在社会道德建设和文化传承中发挥着重要作用。法律思维与日常思维、道德思维的相互补充和协调，有助于构建一个和谐、有序的社会环境。

（五）学科属性的不同

法治思维与法律思维在法学领域中扮演着各自独特的角色，它们在内容、范畴以及应用上存在明显的差异。

法治思维的综合性体现在其不仅仅局限于法律领域，而是涵盖了社会治理的各个方面。法治思维要求社会管理者在处理社会问题时，不仅要依据法律规范，还需要综合运用法教义学、价值法学、社会法学以及社会学、哲学等领域的思维方式和方法论。这种跨学科的综合性思维模式，旨在实现法律效果与社会效果的有机统一，追求公平正义的社会价值理念。法治思维的推广和实践，有助于提升社会管理者的治理能力和水平，促进社会的和谐与稳定。

法律思维则属于法教义学的范畴，它强调法律规范的运行机制和法律逻辑的严密性。在法律思维的过程中，法律职业者将法律规范作为大前提，案件事实作为小前提，通过司法三段论的逻辑推理，得出具有法律效力的判断。这一过程体现了法教义学的功能，即为裁判者提供一套系统的、可交流的、可检验的规则选择与法律论证机制。

法治思维与法律思维的差异，不仅体现在它们的应用范围和深度上，还体现在它们的目标和追求上。法治思维追求的是一个宏观层面上的公平正义，它要求社会管理者在治理过程中，不仅要遵循法律规范，还要考虑到社会的整体利益和长远发展。

（六）评价标准的不同

法治思维与法律思维这两个概念虽然在某些方面存在相似之处，评价标准等方面有着明显的区别。

法治思维的评价标准主要体现在是否依法行事，它关注的核心是社会整体的治理和法律的普遍适用。法治思维要求社会管理者在决策和行动中以法律为依据，确保社会的公平正义。这种思维方式强调的是法律的权威性和至上性，追求的是在全社会范围内实现法治的理念。法治思维的运用不仅限于解决具体的法律问题，更涉及到如何在更广泛的社会层面上确立和维护一套完整的法律制度，以实现法律上公平正义的治国理政方式。因此，法治思维具有强烈的社会性和宏观性，它要求管理者在依法行事的同时，还需兼顾合理性，形成积极的社会影响和社会效果。

与法治思维不同，法律思维的评价标准则侧重于是否具有合法性。法治思维与法律思维的另一个重要区别在于它们对合法性的关注点不同。法治思维侧重于实质合法性，即不仅要求形式上的合法，更强调在实质上做到合乎法律，具有高度的正当性、公平性与正义性。而法律思维则偏向于形式合法性，它关注的是法律规范的严格遵守和法律程序的正当执行。

二、法治思维与法律思维的联系

法治思维与法律思维之间存在着复杂而微妙的关系。从本质上讲，这两种思维模式都体现了对法律的尊重和应用，但它们在应用范围、目标指向和实践要求上各有侧重。

法律思维通常被视为法治思维的前提。它是一种专业的思维活动，要求法律人在处理案件时，以法律规范为基础，运用法律知识和技能，进行逻辑严密的分析和判断。法律思维的培养和运用，为法治思维提供了坚实的基础，确保了法律规范在具体案件中的准确适用。

法治思维则是法律思维在更高层次上的目标和升华。它要求社会管理者和决策者在治理国家和社会时，不仅要遵循法律规范，还要体现法律精神，追求公平正义。法治思维强调的是法律在社会治理中的全面运用，它要求法律不仅在司法领域得到尊重，还要在立法、执法和法律监督等各个层面发挥作用。法律思维的专业性和严谨性，为法治思维提供了实践的参考和方法论支持。法律思维在具体案件处理中所展现的逻辑推理和法律分析，有助于法治思维在更广泛的社会治理中得到有效实施。

（一）法律思维是法治思维的前提，法治思维是法律思维的目的

法律思维是法律职业者必须具备的核心素质，它构成了法律实践的基础。这种思维方式的形成，依赖于法律职业者的综合能力，包括对法律现象的观察、认识、理解、分析、综合、判断、推理和处理等。

法治思维则是建立在法律思维基础之上的更高层次的思维方式。它是法律思维的目的，旨在通过宏观的法治理念来指导法律思维的运用，确保法律实践不仅符合法律规范，而且符合法治的原则和精神。法治思维强调的是法律在社会治理中的全面运用，追求的是社会的公平正义和长治久安。

法律思维为法治思维提供了必要的专业基础和技术支持，而法治思维则为法律思维指明了方向，确保其在法治社会的建设中发挥应有的作用。从社会发展的角度来看，法律思维是法治思维的前提，只有首先实现了法律思维，社会才能在此基础上进一步发展法治思维，从而实现和谐发展和长治久安。

法治思维的提出，不仅是对法律思维的补充和升华，也是对法治社会建设的全面要求。它要求法律人在运用法律思维解决具体问题时，始终保持对法治原则的忠诚和对社会公平正义的追求。法治思维的存在，确保了法治改革的方向正确，保证了法治建设符合党的领导和人民当家作主的原则，这对于中国特色社会主义法治建设具有重要的指导意义。

在法学教育和法律实践中，对法律思维与法治思维的概念进行深入分析和比较，对于培养合格的法律人才、推动法治社会的发展具有重要的理论和实践价值。通过这种分析和比较，可以更清晰地认识两者之间的关系，更有

效地将法律思维和法治思维应用于法律实践，为建设法治社会提供坚实的理论和实践基础。

（二）法律思维是法治思维的基础，法治思维是法律思维的升华

法治思维与法律思维是法治社会建设中两个不可或缺的重要概念，它们各自承载着不同的功能和目标，同时又相互联系、相互促进。

法治思维的核心在于面向国家的领导者和社会的管理者，它要求这些主体在治国理政的过程中，运用法治的理念和方法，以实现社会的公平正义。法治思维的推广和实践，对于建设小康社会、构建和谐社会具有重要的指导意义。它不仅是行政管理和治国理政的高效工具，更是实现社会多方面公平正义的核心价值追求。法治思维的实施，需要领导者和社会管理者具备深刻的法治理念，以及运用法治方法解决问题的能力。

法律思维则主要面向法律职业者，即那些在法律领域内工作的法官、检察官、律师等专业人士。法律思维是法律人在长期的法律实践中归纳总结出来的一种高度抽象和概括的思维方式。它以法律规范为基础，通过专业的法律知识和技能，对法律现象进行深入的分析和判断。法律思维的形成和发展，对于提升法律职业者的专业素养和解决法律问题的能力具有重要意义。

法治思维虽然是以法律为基础，但其应用范围更广，更偏向于上层建筑的定性。法治思维的实施离不开法律思维的支撑，而法律思维的提升也需要法治思维的指导。二者相辅相成，相互促进，共同构成了法治社会的基石。只有当法律思维得到充分发展和应用，法治思维才能得以有效实施。反之，法治思维的深入推广也能促进法律思维的进步和提升。如果二者不能协调发展，可能会导致法治社会的建设受阻，甚至出现倒退。

（三）基于法治思维的性质，法治思维对法律思维具有指导意义

法律思维作为法律职业者必须具备的专业思维方式，其核心价值在于遵循法治的原则和精神。这种思维方式不仅对法律职业者至关重要，也是现代法治社会对所有公民的基本要求。法律思维的实践要求法律人在严格遵守法律规定的同时，深入理解和贯彻法治的理念，包括法律的普遍适用性、公平正义以及法律面前人人平等的原则。

法治思维则是一种更为宏观的思维方式，它面向的是国家的执政者和社会的管理者。法治思维不仅是治国理政的一种方法，而且在推动国家政策的调整、经济形势的发展以及政治经济领域的变动中发挥着重要作用。法治思维的主体，即国家的执政者，需要通过法治的方式来引导和规范社会行为，以确保社会秩序的稳定和公平正义的实现。

法治思维对法律思维具有重要的指导意义，因为法治思维的主体是执政者，其决策和行为会直接影响到法律的制定和实施。因此，法律职业者在运用法律思维处理案件时，应当考虑到法治思维的要求，确保其决策和行为不仅符合法律规定，也体现法治的原则和精神。

同时，法律思维对法治思维也具有重要的支撑作用。法律职业者通过专业的法律知识和技能，可以为执政者提供法律咨询和服务，帮助其更好地理解和运用法治思维，推动法治社会的建设。在实践中，法律职业者应当虚心接受法治思维的指导，形成强有力的发展框架，以促进自身专业能力的提升，同时也为国家的法治建设作出贡献。

（四）基于法律思维的现状，法治思维对法治思维具有借鉴意义

法律思维作为一种专业思维方式，其根源可以追溯到西方法律传统的长期发展过程中。经过数十个世纪的演变，法律思维在西方社会已经达到了一个相对稳定和成熟的阶段。它不仅包含了丰富的理论基础，也形成了一系列成熟的实践模式。

相对于法律思维的成熟，法治思维在中国则是一个相对较新的概念，其理论框架和实践路径仍在探讨和发展之中。法治思维的提出，旨在将法治的理念和原则应用于国家治理和社会管理的各个方面，以实现社会的公平正义和长治久安。在这一过程中，借鉴和吸收法律思维的成熟成果，对于推动法治思维的发展具有重要的意义。在借鉴法律思维的过程中，我们应当采取"拿来主义"的态度，即取其精华，去其糟粕。这意味着我们需要批判性地吸收法律思维中对法治思维有理论指导意义和实践价值的部分，同时排除那些不适宜或不适用于法治思维的元素。这一过程要求我们对法律思维的方法进行深入分析，以确定其是否完全适用于法治思维。

此外，我们还应当考虑如何将法律思维的具体方法和模式有效地融入法治思维中，以避免出现"青黄不接"或"水土不服"的现象。这涉及到如何在保持法治思维的合法性的同时，兼顾其合理性，以及如何在成本最低化的前提下实现成果最大化等问题。为了实现法律思维对法治思维的有效借鉴，我们需要关注以下六个方面：

第一，理论指导意义。深入研究法律思维的理论基础，提炼出对法治思维有启发性的理论观点。

第二，实践践行优势。分析法律思维在实践中的成功案例，探索其在法治思维中的可行性和有效性。

第三，成本与效益。评估借鉴法律思维的成本效益，确保在资源有限的情况下，实现最大的法治建设成效。

第四，合法性与合理性。在借鉴法律思维的过程中，确保法治思维的合法性，并兼顾其在社会治理中的合理性。

第五，本土化适应。考虑法治思维在中国特定社会文化背景下的适应性，确保其与中国的实际情况相符合。

第六，创新与发展。在借鉴的基础上，鼓励对法治思维的创新和发展，形成具有中国特色的法治思维模式。

（五）法治思维与法律思维之间是共进与互为补充的关系

法治思维与法律思维的有机结合对于推动社会主义法律制度的发展与完善具有至关重要的作用。法治思维与法律思维虽然在名称上相似，但它们各自承载着不同的功能和目标，并且在法律实践与社会治理中发挥着互补的作用。

第一，法律思维构成了法治思维的基础。法律思维是法律职业者在处理法律问题时所运用的专业思维方式，它要求法律人依据法律规范进行思考和判断，确保法律的正确实施和公正裁决。法治思维则是在法律思维的基础上，对法律职业者提出了更高的要求，即在政治领域内实现法律思维的升华，以法治的理念和方法指导国家的治理和社会的管理。

第二，法治思维也需要借鉴法律思维的实践成果。法律思维在长期的法律实践中积累了丰富的经验和成熟的模式,这些成果对于法治思维的具体实施具有重要的参考价值。法治思维在推广和实施过程中,需要借鉴法律思维中的专业方法和技能,以确保法治的实现既符合法律规范,又能够解决实际问题。

在推动法制进步的过程中,行政机关与司法机关需要携手并进,法治思维与法律思维必须双管齐下。通过这种互补和合作,我们可以预见法制朝良好方向的发展将指日可待。同时,社会民众也会因自身利益得到保障和国家稳步发展、经济长治久安而自愿加入到推动法制进步的洪流中,成为这一历史时刻的见证者。

第二章　法律思维的理论基础

第一节　法律思维的三层次论

"法治建设需要全民的广泛参与和法律专业人才的积极推动。这种推进需要法律思维的支撑，依靠法律手段落实法律思维基本规律，不断推动法治建设稳步前行。"[①] 法律思维，作为一种专业思维模式，是指在法律职业实践中形成并运用的思考方式和逻辑结构。它不仅包括对法律规范的理解和适用，还涵盖了对法律价值、原则和精神的深刻把握。法律思维的范畴广泛，涉及法律解释、法律推理、法律论证等多个层面。在法律职业共同体内，法律思维是连接法律知识与法律实践的桥梁，是法律人分析问题、解决问题的专业工具。

法律思维层次性的提出，源于对法律实践复杂性的深入认识和对法律职业要求的不断提高。随着社会关系的多样化和法律问题的复杂化，传统的单一法律思维模式已难以满足现代社会对法律职业的期待。法律思维层次性地提出，正是为了适应这一变化，通过构建更为丰富和立体的法律思维模式，以更好地应对法律实践中的各种挑战。

从理论层面来看，法律思维层次性地提出，丰富了法律方法论的研究，为法律理论的发展提供了新的视角和思路。它强调法律思维的多维性和动态性，提倡在不同的法律问题和情境中运用不同的法律思维模式，从而提高了法律理论的解释力和适用性。

[①] 吕文露. 法律思维的基本规则及建设意义 [J]. 法制博览，2022（4）：42—44.

在实践层面，法律思维层次性地运用，有助于提升法律职业的专业化和精细化水平。通过对法律思维层次的深入理解和灵活运用，法律专业人士能更准确地把握法律问题的本质，更有效地进行法律推理和论证，从而提高法律服务的质量和效率。同时，法律思维层次性的运用，也有助于增强法律决策的合理性和公正性，促进法律的正当实施。

一、第一层次法律思维——"门外汉"法律思维

（一）第一层次法律思维的定义

在法律思维的层次性理论中，第一层次法律思维通常被称为"门外汉"法律思维。这种思维模式的核心特征是其对案件事实的直接和具体反映，而不涉及深层的法律分析或广泛的法律原则考量。它是一种直观的、基于常识的判断方式，往往忽略了法律规范的复杂性和专业性。在这种思维模式下，法律问题的处理更多依赖于个人的情感、道德观念和社会经验，而非系统的法律知识或专业判断。

"门外汉"法律思维的一个显著特点是其就事论事的处理方式。这种思维方式倾向于将法律问题简化为具体的事件或行为，并依据个人的直观感受和道德判断来形成结论。例如，在处理侵权案件时，第一层次法律思维可能会忽略法律规定的构成要件和责任界限，而直接根据行为的外观和后果来判断责任归属。这种方式虽然在某些情况下能够迅速得出结论，但缺乏对法律规范和法律逻辑的深入理解和应用。

1. 第一层次法律思维的特征

第一层次法律思维具有一系列明显的特征，这些特征在个体或社会中普遍存在，并对法律问题的处理产生深远影响。

（1）直观性。这种思维方式依赖于个体的直观感受和个人经验，而非系统的法律分析。个体倾向于根据自己的直觉和感觉对法律问题进行评判和决策，而不是通过深入的法律学习和思考。

（2）情感性。个体的情感和道德观念在这种思维过程中起着重要作用。个体可能会受到自身情绪和道德信仰的影响，对法律问题做出偏向于情感倾

向的判断,而不是客观、理性地分析和评价。

(3)具体性。这种思维方式更关注具体的事件和案例,而不是抽象的法律原则或规范。个体往往更容易通过具体案例来理解和评价法律问题,而对于抽象的法律概念和原则可能感到陌生或困惑。

(4)表面性。这种思维往往停留在问题的表面,缺乏对法律关系复杂性的深入挖掘。个体倾向于只关注问题的表面现象和直觉感受,而忽视问题背后的深层次原因和法律逻辑。

(5)普遍性。由于其基于个体的常识和直观反映,这种思维方式在社会公众中较为普遍。大多数人在面对法律问题时往往会倾向于采用这种直观、情感化的思维方式,而不是进行深入的法律分析和思考。

2. 第一层次法律思维的普遍性

尽管第一层次法律思维在专业性和系统性上存在着一定的局限性,然而其普遍性却是不容忽视的。在日常生活中,大多数非法律专业人士在面对法律问题时,往往会本能地采用这种思维方式。这种直观、情感化的思维方式使个体更容易理解和判断法律问题,从而在日常生活中更好地遵守法律规范和规则。

即使在法律专业人士中,第一层次法律思维也可能在初步问题识别和快速决策中发挥着重要作用。在处理复杂案件之初,法律人士可能会依靠个人的直觉和情感,快速识别问题的核心和关键点,从而为后续的深入分析和研究奠定基础。在司法实践中,法官、律师等专业人士也可能借助这种直观的思维方式,更快速地处理案件,提高司法效率。

然而,尽管第一层次法律思维在法律实践中具有一定的存在价值,但其局限性也是显而易见的。这种思维方式可能导致法律决策的随意性和不稳定性,忽视了法律规范的系统性和专业性。个体倾向于根据个人情感和直觉对法律问题进行判断,而忽视了法律背后的深层逻辑和专业知识。在某些情况下,这种思维方式可能导致不公正的法律决策,甚至产生负面的社会影响。

因此,法律教育和法律实践的一个重要任务就是提升个体的法律思维层次,使其能够从更专业、更系统的角度理解和运用法律。通过系统的法律教育和培训,个体可以学习和掌握法律的基本理论和方法,培养理性、客观的法律思维能力，从而更好地应对复杂的法律问题和挑战。同时，法律实践也应该注重引导个体克服第一层次法律思维的局限性，鼓励其运用专业知识和技能，积极参与法律实践，推动法治建设和社会进步的实现。

（二）第一层次法律思维的批判

第一层次法律思维，或"门外汉"法律思维，尽管在特定情境下具有一定的适用性，但从专业法律实践的角度来看，其局限性不容忽视，亟需批判性审视。

1. 法律与道德关系的辨析

对法律与道德关系的辨析是批判第一层次法律思维的必要起点。虽然法律与道德存在交集，但它们在本质上是两个不同的规范体系。法律是由国家制定的具有强制力的规范，其依据包括宪法、法律法规等，其执行受到国家权威的支持和监督。与之相对，道德更多地体现为社会成员内心的信念和社会共识，它涵盖了人们对善恶、正义、公平等价值观念的认知和实践。在个体行为中，道德往往起到了规范和引导作用，但它的约束力不如法律那样具有强制性。

然而，第一层次法律思维往往将法律规范与道德规范混淆起来，未能明确区分二者的本质特征与功能。在这种思维模式下，法律判断往往受到个人道德情感的影响，法律问题往往被视为道德问题来处理，从而导致了法律适用的主观化和情感化。这种混淆不仅可能导致法律决策的不公正和不稳定，还可能侵蚀法律的权威性和确定性。因此，法律专业人士应当培养区分法律与道德的能力，确保法律判断基于法律规定而非个人道德偏好。

在现代社会中，法律和道德虽然有密切联系，但二者之间存在明显的区别。法律是由国家制定和实施的，其目的在于维护社会秩序和公正，具有强制执行的特点；而道德则更多地体现为社会共识和个体内心的价值取向，其规范力量较为柔性，主要起到引导和规范个体行为的作用。因此，在处理法律问题时，必须以法律规定为准绳，遵循法律程序和原则，而不应该将个人道德情感置于法律适用的首要位置。只有这样，才能保证法律的公正性、稳定性和权威性，实现法治社会的目标和理想。

2. 法律目的与社会效果的重要性

在批判第一层次法律思维的过程中，对法律目的与社会效果的重要性至关重要。法律作为社会管理的重要工具，不仅仅是解决个案纠纷的工具，更是实现社会正义、维护社会秩序、指引社会行为的关键手段。然而，第一层次法律思维往往局限于个案的处理，缺乏对法律深层次目的的理解和对社会效果的全面考量，从而无法充分实现法律的这些宏观功能。

（1）法律的目的在于实现社会正义和公平，促进社会的发展和进步。法律规定了社会成员之间的权利和义务，规范了社会行为的准则和标准，为社会提供了一个公平、公正的竞争环境。然而，如果法律的制定和实施仅仅停留在个案的处理上，而忽视了对社会整体福祉的追求，那么就无法实现法律的正义目标，也无法满足社会成员对公平和正义的期待。

（2）法律的社会效果是评判法律质量和效用的重要标准之一。一个好的法律应当能够促进社会资源的合理分配，保障社会成员的基本权益，维护社会秩序和稳定。然而，如果法律的制定和执行只考虑了个案的解决，而忽视了对社会整体影响的评估，那么就可能导致法律的不公正和不合理。例如，某项法律虽然在特定案件中得以解决，但却可能对整个社会产生负面影响，导致资源的不合理配置和社会秩序的混乱。

因此，法律专业人士应当超越个案的局限，从增进社会整体福祉的角度出发，考虑法律决策对社会行为的长远影响。他们应当注重法律的宏观功能和社会效果，积极参与法律的制定和实施过程，为实现社会的公正、稳定和繁荣贡献自己的智慧和力量。只有这样，才能真正实现法律的使命，为社会的持续发展和进步提供坚实的法治基础。

3. 法律思维层次性的缺失与后果

缺乏法律思维层次性可能带来一系列严重后果，这些后果对法律体系的完善和社会秩序的维护都具有深远影响。首先，缺乏层次性的法律思维可能导致法律专业人士在面对复杂多变的法律问题时，难以做出全面、合理的判断。法律问题的复杂性常常需要从多个层面进行考量和分析，包括法律原则、法律逻辑、法律政策等。如果法律思维仅停留在简单的表面层次，而未能深入挖掘问题的本质和内在逻辑，就容易产生片面性和主观性，导致法律决策的失误和偏颇。

其次，缺乏法律思维层次性可能影响法律决策的质量和效率。法律问题往往涉及多个层面的因素和利益，需要综合考量各种因素并做出权衡取舍。如果法律专业人士只停留在表面层次的认识和思考，未能深入理解法律问题的内涵和复杂性，就难以制定出符合实际情况和长远利益的法律政策和措施。这不仅会导致法律决策的失误和滞后，还会浪费社会资源和时间，影响法律的实施和社会的发展。

此外，缺乏法律思维层次性可能损害公众对法律的信任和尊重。法律是社会管理的重要工具，其权威性和公正性对于社会稳定和秩序的维护至关重要。然而，如果法律专业人士的法律思维缺乏层次性，导致法律决策的失误和不公正，就会影响公众对法律的信心和认同，进而削弱法律的权威性和有效性。这不仅会导致法律的失去约束力，还会导致社会的混乱和动荡，最终损害整个社会的利益和福祉。

因此，为了避免以上种种严重后果，法律专业人士应当努力提升自身的法律思维层次。他们需要通过系统的法律教育和实践锻炼，培养能够综合运用法律知识、法律逻辑、法律价值和法律政策的多层次法律思维能力。只有如此，才能更好地应对复杂多变的法律问题，做出符合法律规范和社会需要的正确决策，为法治社会的建设和社会的进步贡献自己的力量。

二、第二层次法律思维——"抠法律字眼"的法律思维

（一）第二层次法律思维的定义

第二层次法律思维，亦称为"抠法律字眼"的法律思维，是指在法律职业实践中，依据现行法律规范，通过形式逻辑推理来解决具体法律问题的一种思维模式。这种思维方式强调对法律条文的严格遵守和精确适用，追求法律推理的形式合理性和逻辑严密性。在这一层次上，法律思维主要体现为对法律规范的解释、适用以及对案件事实的法律定性。

第二层次法律思维的核心在于对现行法律的逻辑推理和适用。它要求法律专业人士在处理案件时，首先识别相关的法律规范，然后通过逻辑推理确定这些规范对案件事实的适用性。这种思维方式通常遵循三段论的逻辑结

构：即从大前提（法律规范）、小前提（案件事实）推导出结论（法律判决）。其优势在于能够确保法律适用的一致性和可预测性，从而维护法律的权威性和稳定性。

1. 第二层次法律思维的特征

第二层次法律思维呈现出一系列特征，这些特征在法律专业人士的思维过程中起着重要作用，并且对于法律问题的分析和解决具有重要意义。

（1）规范性。在这种思维模式下，法律专业人士严格依据现行的法律规范进行推理和分析，强调法律的规范性和普遍性。他们通过对法律条文和法律原则的细致研究和解读，确保自己的法律推理与现行法律规范保持一致，从而保障法律适用的正确性和公正性。

（2）逻辑性。法律专业人士追求逻辑推理的严密性，注重在法律问题的分析和解决过程中运用形式逻辑，确保法律推理的合理性和逻辑性。他们通过对法律问题的逻辑分析和推理，剖析问题的本质，找出问题的症结所在，从而为解决法律问题提供有力的理论支持和依据。

（3）技术性。法律专业人士在这种思维模式下需要具备一定的法律知识和技能，能够熟练运用法律规范和逻辑推理。他们不仅熟悉法律条文和法律原则，还具备较高的法律分析和解决问题的能力，能够灵活运用各种法律理论和方法，为法律问题的解决提供有效的途径和策略。

（4）保守性。法律专业人士倾向于维护现有的法律秩序，对法律变革和创新持谨慎态度。他们注重稳定和秩序的维护，对于法律制度和法律规范的改革和调整持审慎和保守的态度，以确保法律的稳定性和可靠性。

（5）表面性。虽然法律专业人士在这种思维模式下注重对法律条文和法律原则的严谨解读，但他们可能过于关注法律条文的字面意义，而忽视了法律背后的价值和目的。

2. 第二层次法律思维与法律专业人士的关系

第二层次法律思维与法律专业人士之间存在着密切的关系，这种思维方式在法律专业人士的培养和职业实践中发挥着重要作用。通过系统的法学教育和专业训练，法律专业人士获得了依据现行法律进行逻辑推理的专业能力。这种能力使他们能够准确理解和适用法律规范,从而为法律问题的解决提供了可靠的理论基础和方法论支持。因此,第二层次法律思维可以被视为法律专业人士处理法律问题的基本工具之一,也是他们职业素养的重要体现。

然而,第二层次法律思维也存在一定的局限性,这主要体现在以下两个方面:

(1)第二层次法律思维可能导致法律专业人士过分依赖于法律条文,而忽视了法律的深层次价值和社会效果。法律是社会的产物,其制定和实施在维护社会秩序、促进社会进步、保障人民权益等方面发挥着重要作用。

(2)第二层次法律思维也可能使法律专业人士在面对复杂的社会问题和法律难题时缺乏必要的灵活性和创造性。尽管第二层次法律思维强调逻辑推理的严密性和规范性,但在实际应用中,法律问题往往是复杂多变的,需要法律专业人士具备一定的灵活性和创造性,以应对不同的情况和挑战。

(二)第二层次法律思维的逻辑推理过程

1. 逻辑推理过程的步骤

第二层次法律思维的逻辑推理过程是法律实践中的关键环节,它体现了法律专业人士在解决具体问题时的专业素养和技能水平。这一过程通常包括准确认定案件事实、识别适用法律规范、进行逻辑推理和以法律文书形式表达结果等步骤,每一步都至关重要。

(1)准确认定案件事实。法律专业人士需要对案件涉及的时间、地点、人物、行为等要素进行详尽审查和确认,确保对案件事实的准确把握。只有在对事实进行充分了解的基础上,才能有效地进行后续的法律推理和判断。

(2)识别适用法律规范。法律专业人士需要根据案件事实,深入理解和掌握适用的法律条文和法律原则。这要求他们具备丰富的法律知识和深入的法律理解能力,能够准确地确定适用于具体案件的法律规范。

(3)通过形式逻辑的方法将法律规范与案件事实相结合,进行逻辑推理。在这一步骤中,法律专业人士需要运用严密的逻辑思维,将法律规范(大前提)与案件事实(小前提)相对应,通过逻辑推理得出符合法律规定的合理结论。这一过程要求他们具备清晰的思维和良好的逻辑推理能力,能够从多个角度全面分析问题。

（4）将逻辑推理的结果以法律文书的形式表达出来，确保其清晰、准确、合法。法律专业人士需要将逻辑推理的结果以严谨的语言和结构呈现在法律文书中，确保法律裁决或决策的合法性和有效性。这要求他们具备良好的书面表达能力和法律文书撰写技巧，能够清晰地表达自己的观点和理据。

2. 法律逻辑推理的基本原则

法律逻辑推理的基本原则是确保推理过程的合理性和结论的有效性，这些原则对于法律专业人士在处理案件时至关重要。以下是主要原则：

（1）合法性原则要求推理过程必须基于现行有效的法律规范。这意味着法律专业人士在进行逻辑推理时必须严格依据法律条文和法律原则，确保推理的合法性和合规性。任何与现行法律规范不符的推理都将被视为无效和不合法的。

（2）一致性原则要求推理过程中的各个环节应保持逻辑上的一致性，避免自相矛盾。这意味着法律专业人士在推理过程中应保持思维的连贯性和逻辑的连续性，避免出现推理过程中的矛盾和悖论，以确保推理的逻辑正确性和有效性。

（3）相关性原则要求所引用的法律规范必须与案件事实直接相关。这意味着法律专业人士在进行逻辑推理时必须选择与案件事实相关联的法律规范和法律原则，避免引用与案件无关的法律规范，以确保推理的相关性和适用性。

（4）充分性原则要求推理应充分考虑案件的所有相关事实。这意味着法律专业人士在进行逻辑推理时必须充分考虑案件涉及的所有相关事实和证据，避免忽视任何关键的事实或证据，以确保推理的充分性和全面性。

3. 法律逻辑推理在案件处理中的应用

在案件处理中，法律逻辑推理发挥着至关重要的作用，其应用涉及多个方面，具体如下：

（1）法律逻辑推理在事实与规范的匹配方面发挥着关键作用。在案件审理过程中，法律专业人士需要通过逻辑推理确保案件事实与适用的法律规范之间的正确匹配。这包括对案件事实的详细审查和确认，以及对适用的法律规范的准确理解和适用。通过逻辑推理，法律专业人士能够将案件事实与适用的法律规范进行有效的对比和匹配，从而确保判断的准确性和合理性。

（2）法律逻辑推理在责任的确定方面发挥着重要作用。在侵权或合同等案件中，逻辑推理帮助法律专业人士确定责任主体和责任范围。通过分析案件事实和适用的法律规范，法律专业人士能够推导出案件中各方的责任和义务，从而确定案件中涉及的责任主体和责任范围。这有助于在案件处理中确立责任关系，维护当事人的合法权益。

（3）法律逻辑推理在权利的界定方面具有重要意义。在权利冲突的情况下，逻辑推理用于界定各方的权利和义务。通过分析案件事实和适用的法律规范，法律专业人士能够推导出各方在案件中的权利和义务，从而确定各方的权利边界和责任范围。这有助于在权利冲突的案件中有效地解决纠纷，维护社会秩序和公共利益。

（4）法律逻辑推理增强了判决的正当性，使判决结果更具说服力。通过逻辑推理，法律专业人士能够从事实和法律规范出发，推导出合理、准确的判断结果，从而使判决更具权威性和公信力。这有助于确保判决的合法性和正当性，维护司法公正和社会稳定。

4. 法律逻辑推理的局限性

尽管第二层次法律思维中的逻辑推理在法律实践中具有显著的作用，但其局限性不容忽视。

（1）法律规范的不完备性是逻辑推理面临的重要挑战之一。法律规范可能存在解释模糊或不明确的情况，这种不确定性可能限制了逻辑推理的准确性和有效性。法律专业人士在运用逻辑推理处理案件时，常常面临对模糊规范的解释和应用，这可能导致推理过程中的不确定性和主观性，从而影响了判决结果的准确性和公正性。

（2）案件事实的不确定性也是逻辑推理的局限性之一。在法律实践中，案件事实往往存在争议和不确定性，这给逻辑推理的基础带来了挑战。法律专业人士需要在案件处理中准确把握事实，但在面对事实存在争议的情况下，逻辑推理的有效性和可靠性可能会受到影响，进而影响了对案件的正确处理和判决结果的公正性。

（3）逻辑推理的局限性还体现在其无法涵盖所有非逻辑因素上。法律问题往往涉及多方面的价值判断，如公平、正义等，而逻辑推理主要侧重于事实和规范之间的逻辑关系，难以充分考虑这些价值判断因素。因此，在处理复杂的法律问题时，仅仅依靠逻辑推理可能无法全面、准确地解决问题，这需要法律专业人士综合运用多种思维方式和方法进行分析和判断。

（4）对于复杂的法律问题，逻辑推理要求法律专业人士具备高超的专业技能和深厚的法律知识，这也是其局限性之一。逻辑推理需要法律专业人士具备严密的逻辑思维能力、深入的法律知识以及丰富的实践经验，但在面对复杂的法律问题时，这些要求可能超出了某些法律专业人士的能力范围，从而影响了逻辑推理的有效性和可靠性。

三、第三层次法律思维——真正的法律人思维

（一）第三层次法律思维的定义与内涵

第三层次法律思维，作为一种先进的法律实践理念，其定义超越了单纯的事实认定和规范适用，强调对法律裁决可能产生的社会效应的深入考量。这种思维方式不仅关注案件的法律逻辑和事实基础，而且重视裁决对社会价值观、公共政策以及长远社会秩序的影响。它要求法律专业人士在决策过程中，综合运用法律知识、社会经验和道德判断，以实现法律的社会目的和价值。

1. 关注法律裁决社会效应的法律思维

第三层次法律思维的核心在于其对社会效应的关注。这种思维方式不仅仅把法律裁决视作解决个案纠纷的手段，更着眼于其在塑造社会行为、引导社会风尚等方面的重要性。在这种思维模式下，法律专业人士不再仅仅是机械执行法律条文的角色，而是扮演着社会变革和进步的推动者。

（1）法律裁决的社会导向性。法律不仅仅是一套规范性文件，更是社会秩序的维护者和塑造者。因此，法律裁决的制定不能仅仅满足于解决当事人的利益冲突，更应考虑到其对整个社会秩序和价值观念的影响。例如，在一些涉及重大社会议题的案件中，法官们需要审慎考虑裁决的可能影响，以确保最终的判决既能维护法律的公正性和权威性，又不会对社会稳定和公众信心造成负面影响。

（2）法律裁决的社会预测能力。随着社会的不断变迁和发展，法律的适用也需要与时俱进。在这种情况下，法律专业人士需要通过对社会趋势和未来发展的深入了解和预测，来确保法律裁决的时效性和长期影响。例如，在科技领域的法律争议中，法官们需要了解技术的最新进展和未来发展趋势，以便制定能够适应未来发展的裁决，从而保障社会的长期利益和发展。

（3）法律裁决的社会参与性。传统上，法律裁决往往是由法官或者法院独立作出的，而社会的声音和意见往往很少被纳入考虑。然而，在第三层次法律思维中，法律专业人士认识到了社会参与的重要性，并积极倾听和吸纳社会的声音和意见。这不仅能够增加裁决的公信力和合法性，更能够使裁决更加符合社会的实际需求和期待。

2. 第三层次法律思维的核心要素

第三层次法律思维的核心要素涵盖了多个方面，这些要素共同构成了法律专业人士在决策和裁决中所需具备的综合能力。

（1）社会责任感。法律专业人士应当以社会利益为重，明确自身在法律系统中的社会角色和责任，并意识到他们的决策将直接或间接地影响到社会的稳定、公正和发展。这种责任感不仅体现在个案裁决中，更贯穿于对法律体系的整体思考和改进之中。

（2）价值导向。法律专业人士应当将社会正义、公平和效率等价值观融入法律裁决的过程中，以确保裁决的合理性和公正性。这意味着在裁决过程中，他们需要权衡各种利益，寻求最大化社会福利的解决方案，并在裁决中体现出对价值导向的尊重和追求。

（3）前瞻性。法律专业人士在做出决策时，不仅要考虑当前的法律规定和案件事实，还需要预见裁决对未来社会行为的影响。这种前瞻性思维要求他们具备对社会发展趋势的敏锐洞察力，以便制定能够适应未来变化的法律政策和裁决，从而确保法律的持续适用性和有效性。

（4）综合性思维。法律专业人士需要综合运用法律知识、社会经验、经济学原理和伦理道德等多方面的知识和技能，来形成全面的判断和决策。这种综合性思维能够帮助他们更好地理解案件的复杂性和多样性，从而制定更为合理和全面的裁决。

(5) 创造性思维。法律专业人士需要在法律框架内寻求创新的解决方案，以应对社会变迁和复杂多变的法律问题。这种创造性思维不仅体现在裁决的具体内容中，更表现在对法律制度和规则的改进和完善上，从而推动法律体系的不断发展和进步。

3. 第三层次法律思维与法律专业人士的职责

第三层次法律思维对法律专业人士的职责提出了更加严格的要求，不仅要求其具备扎实的法律知识和逻辑思维能力，更要求其具备广泛的社会视野和多方面的专业技能。

(1) 社会洞察力。在第三层次法律思维的指导下，法律专业人士需要不仅仅关注法律条文的具体内容，更要关注法律在社会实践中的应用和影响。他们需要具备敏锐的社会洞察力，能够深刻理解社会现象背后的法律问题，并将这种理解融入法律裁决和实践中，以更好地适应社会的变化和发展。

(2) 政策分析能力。法律专业人士需要能够准确分析法律裁决对社会政策的潜在影响，并为政策制定提供法律支持和建议。他们需要将法律与政策相结合，促进法律制度和社会政策的有机衔接，从而更好地实现法律的目标和社会的利益。

(3) 道德判断力。在第三层次法律思维的指导下，法律专业人士需要在法律允许的范围内，运用道德和伦理标准来指导裁决，确保法律的公正执行。他们需要具备良好的道德判断力和伦理意识，能够在法律与道德之间取得平衡，以维护法律的公正性和社会的道德底线。

(4) 沟通协调能力。在第三层次法律思维的指导下，法律专业人士需要能够与社会各界有效沟通，协调不同利益关系，促进法律裁决的社会接受度。他们需要具备良好的沟通技巧和协调能力，能够与各方沟通合作，共同推动法律的落实和实践。

(5) 终身学习能力。在法律领域，知识和技能的更新换代非常迅速，法律专业人士需要不断学习新知识、新技能，以适应法律实践的发展和社会的变化。他们需要具备终身学习的意识和能力，保持学习的热情和动力，不断提升自己的专业水平和素养，为更好地履行法律职责做好准备。

4. 第三层次法律思维的实践意义

第三层次法律思维的实践意义在于其对提升法律裁决质量和效果具有积极的影响，从而更好地满足社会的需求和期待。

（1）第三层次法律思维有助于增强法律的权威性。通过考虑社会效应，法律裁决能够更加全面地审视案件，更准确地评估裁决对社会的影响，并据此制定更具说服力和权威性的裁决。这不仅可以增强法律的公信力和权威性，更能够提升社会对法律裁决的认可度和遵从度，从而为法治建设提供坚实的基础。

（2）第三层次法律思维能够促进社会和谐。通过法律裁决引导社会行为，法律专业人士可以在维护法律公正的同时，促进社会关系的和谐与稳定。例如，在处理涉及社会矛盾和利益冲突的案件时，法官们可以借助第三层次法律思维，寻求更具包容性和解决性的裁决，从而化解社会矛盾，促进社会的共识和团结。

（3）第三层次法律思维有助于提高法律服务的质量。法律专业人士能够根据社会的实际需求和问题，提供更全面、更深入的法律服务，为社会各界提供更有效的法律咨询和支持。通过运用第三层次法律思维，法律服务机构和律师事务所可以更好地满足社会的复杂需求，提升法律服务的质量和效率，增强社会对法律系统的信任和支持。

（4）第三层次法律思维有助于推动法治进步。通过创新法律实践，法律专业人士能够促进法律制度的完善和社会治理的现代化。他们可以在法律实践中不断探索和尝试新的理念和方法，为法律体系的发展和改革提供有益的经验和启示。这种创新精神和实践探索不仅能够推动法治理念的更新和深化，更能够提升法律制度的适应性和灵活性，促进法治进程的持续健康发展。

（二）第三层次法律思维的决策过程

第三层次法律思维的决策过程是一个综合考量法律规范、社会价值、政策导向及道德伦理的复杂过程。它要求法律专业人士在面对法律问题时，不仅要进行逻辑严密的法律分析，还要对法律裁决可能产生的社会影响进行全面评估，并在此基础上作出决策。

1. 法律裁决的社会影响评估

法律裁决的社会影响评估是第三层次法律思维决策过程中至关重要的一环。这一评估要求法律专业人士对裁决可能产生的多方面社会影响进行全面、系统的预测和评估，以确保裁决符合法律规定，同时能够促进社会的整体利益和长远发展。

（1）评估裁决的社会影响需要考虑到多个方面。除了裁决对当事人权利义务的影响外，还需关注裁决对社会秩序、公共道德、经济发展、公民权利等方面可能带来的影响。这种综合性的评估能够帮助法律专业人士更好地理解裁决的全面影响，从而制定更加科学、合理的裁决。

（2）在评估过程中，应当采用多种研究方法。社会学调查、经济学分析、历史比较等方法的综合运用，能够为评估提供丰富的数据和多维度的分析，从而确保评估的全面性和准确性。例如，通过社会学调查，可以了解裁决对社会公众的态度和看法；通过经济学分析，可以评估裁决对经济发展和市场运行的影响；通过历史比较，可以借鉴其他国家或地区类似案例的经验教训，为裁决的评估提供参考依据。

（3）评估裁决的社会影响需要考虑到不同利益主体的立场和需求。法律裁决往往涉及不同利益主体之间的权益冲突，因此在评估过程中，应当充分考虑到各方的利益诉求和意见表达，以确保裁决能够在最大程度上平衡各方利益，并获得社会的广泛认可和支持。

（4）评估裁决的社会影响需要具备一定的预见性。法律专业人士需要根据当前社会的实际情况和发展趋势，预测裁决可能带来的长期影响和变化，从而制定能够适应未来发展的裁决。这种预见性思维能够帮助法律专业人士更好地应对未来的挑战和变化，保障法律裁决的持续有效性和社会影响力。

2. 法律目的与社会效果的整合

在第三层次法律思维中，法律目的与社会效果的整合被视为决策过程的核心，对法律专业人士而言具有至关重要的意义。这种整合要求法律专业人士不仅要深入理解法律的内在目的，还需要充分考虑社会所追求的长远效果，将二者有机结合起来，以实现法律的更高层次目标。

（1）法律目的与社会效果的整合要求法律专业人士深入理解法律的内在目的。法律作为社会规范和行为指导的体系，其根本目的在于维护社会秩序、保障公共利益、实现社会公正。因此，法律专业人士需要准确把握法律的本质和功能，理解法律规范背后所蕴含的社会意义和价值追求，以此为指导，制定符合法律规定的裁决。

（2）法律目的与社会效果的整合要求法律专业人士充分考虑社会所追求的长远效果。社会效果不仅包括当前的法律裁决可能产生的直接影响，更涉及裁决对社会长期发展和全面利益的影响。因此，法律专业人士需要审慎评估裁决可能带来的多方面社会效果，包括但不限于社会和谐稳定、经济繁荣、公民权利保障等，以确保裁决能够促进社会的整体利益和长远发展。

（3）法律目的与社会效果的整合要求法律专业人士将法律目的与社会效果有机结合起来。在裁决过程中，法律专业人士需要在尊重法律规定的基础上，综合考虑裁决可能产生的社会效果，寻求最优解决方案。这种整合性思维能够帮助法律专业人士更好地平衡法律的正当性和社会的公正性，从而达到法律目的和社会效果的统一。

（4）法律目的与社会效果的整合要求法律专业人士具备高度的专业素养和社会责任感。他们需要在法律框架内寻求最有利于社会和谐的解决方案，充分发挥法律的积极作用，为社会的进步和发展做出积极贡献。这种整合性思维不仅能够提升法律专业人士的专业水平和社会声誉，更能够促进法治建设和社会文明进步。

（三）第三层次法律思维的社会效果

第三层次法律思维的社会效果是多方面的，它不仅影响个案的裁决，还对整个社会的法律文化和法治环境产生深远的影响。

1. 法律教育与指引作用的实现

第三层次法律思维在实现法律教育与指引作用方面展现出显著优势，其通过裁决体现法律的目的和社会效果，向公众传达法律的价值和精神，从而增强公民的法律意识和社会责任感。

（1）第三层次法律思维通过裁决体现法律的目的和社会效果。在处理案件时，法律专业人士需要超越对法律条文的简单解释，深入思考法律的根本目的和所追求的社会效果。通过裁决能够体现法律的公正、公平、正义等核心价值，向公众传达法律的价值观念，激发公民对法律的尊重和信任，从而达到法律教育和指引的目的。

（2）第三层次法律思维能够增强公民的法律意识和社会责任感。通过裁决展现法律的目的和社会效果，能够深入浅出地向公众解释法律的意义和作用，使他们更加深刻地理解法律的重要性，增强自觉遵守法律的意识，增强社会责任感，从而推动社会秩序和法治建设。

（3）第三层次法律思维能够指引公民和社会组织的行为，促使其在法律框架内寻求发展。通过裁决展现法律的权威和效力，能够引导公民和社会组织在自身行为中遵循法律规范，尊重法律权威，维护社会秩序和稳定。这种指引作用能够有效地促进社会成员的自律和规范行为，为社会的发展和进步提供有力支撑。

2. 良性社会秩序的形成

第三层次法律思维对于良性社会秩序的形成具有显著作用，其通过综合考量法律规范、社会价值、政策导向及道德伦理等因素，能够促进法律与社会的良性互动，从而为社会秩序的构建提供重要支持。

（1）第三层次法律思维通过综合考量法律规范、社会价值、政策导向及道德伦理等因素，促进法律与社会的良性互动。传统的法律思维往往局限于对法律规定的简单套用，而第三层次法律思维则强调综合性和全局性，要求法律专业人士在裁决中兼顾法律规范的适用性、社会价值的体现、政策导向的指引以及道德伦理的考量。这种综合考量能够使法律与社会的互动更加灵活和深入，有利于形成良性的社会秩序。

（2）第三层次法律思维能够对社会行为产生积极的引导作用，促进社会成员之间的相互尊重和合作。通过公正合理的法律裁决，第三层次法律思维能够树立公民遵守法律、尊重法律权威的良好示范，从而促进社会成员之间的相互尊重和合作，增强社会凝聚力，有助于形成良性的社会秩序。

（3）第三层次法律思维通过公正合理的裁决，增强公众对法律的信任和尊重，为形成良性社会秩序奠定坚实的基础。法律裁决的公正性和合理性是法治社会的基石，能够树立公众对法律的信任和尊重，促使其自觉遵守法律，主动维护社会秩序。这种信任和尊重是形成良性社会秩序的关键因素之一，为社会的稳定和发展提供了重要保障。

四、对待不同层次法律思维的态度

对待不同层次法律思维的态度应当是全面而审慎的。在处理案件时，选择何种法律思维进行推理并不是一项轻松的任务，而是需要深思熟虑的决策。

首先，第一层次的法律思维，尽管可能会招致批判，但其警示作用不可小觑。这种思维方式强调对法律条文的直接适用，尽管可能忽略了案件背后的社会问题和长远影响，但其对于维护法律权威和纠正明显违法行为仍具有一定价值。因此，对于第一层次法律思维，应当审慎对待，既批判其局限性，又肯定其在特定情境下的有效性。

其次，第二层次的法律思维虽然可能存在一定的缺陷，但其对于明晰案件的形式逻辑推理过程具有积极意义。这种思维方式强调法律规范的逻辑推理和严谨性，有助于确保裁决的合理性和公正性。然而，它可能忽略了法律裁决的社会影响和长远效果，因此在实际应用中需要慎重考虑其局限性，避免过度强调形式逻辑而忽略案件的实质问题。

最后，第三层次的法律思维作为良好法律思维的代表，能够使法律裁决真正实现其社会目标。这种思维方式强调法律的社会功能和长远效果，能够促进法律制度的不断完善和发展，确保裁决既符合法律规范，又能够促进社会的整体利益和长远发展。因此，对第三层次的法律思维应当给予充分的重视和支持，将其作为解决法律难题的首选思维方式。

第二节 法律思维的理论进路

一、形式主义法律思维的理论基础

（一）形式主义法律思维的历史渊源

形式主义法律思维的历史渊源可以追溯至古罗马法的严格形式主义传

统。古罗马法的法律适用严格依据固定的程序和形式，强调法律规范的普遍性和确定性。在古罗马时期，法律被视为一种严肃而神圣的规范，其适用过程极其程序化，需要严格遵循既定的形式。这种形式主义的法律思维在古罗马的法律体系中扮演了重要角色，奠定了其严密和稳定的法律基础。

随着时间的推移，形式主义法律思维并没有消失，而是在现代法律体系中得到了继承和发展。特别是在19世纪，随着资本主义的兴起和工业革命的推进，形式主义法律思维因其对法律确定性的追求而成为主流。这一时期，民族国家的形成和法典编纂的兴起进一步加强了形式主义法律思维的地位。法典的编纂使法律规范得以明确和系统化，形式主义法律思维被视为维护法律权威和保障法律稳定性的重要手段。

在这一时期，法律被视为一套封闭的、自治的规则体系，法官的职责在于通过逻辑推理，将具体案件事实涵摄于一般性的法律规则之下。形式主义法律思维强调法律规则的普遍性和确定性，将法律看作一种抽象的规范体系，而忽视了法律与社会实践的联系。尽管形式主义法律思维在一定程度上确保了法律的稳定性和一致性，但其缺乏对具体社会情境和公平正义的考量，导致了其在现代法律实践中受到了挑战和批评。

（二）形式主义的基本原则与方法

"法律形式主义思维与方法在我国占据着核心地位，社会的急速发展使现行法律无法贴合社会实践，疑难案件裁判面临困境。严格的形式主义裁判方式不利于社会实质正义的实现，维护社会正义与法律权威的需求督促着对疑难案件司法进路的探索。"[1] 形式主义法律思维的核心在于对法律规范形式特征的强调，其基本原则和方法对法律解释和适用产生了深远影响。形式主义法律思维的基本原则包括普遍性、明确性和稳定性。普遍性指法律规范适用于所有人，在相同的情况下产生相同的结果；明确性则意味着法律规范应当具有清晰、无歧义的表述，以便法官准确理解和适用；而稳定性则要求法律规范在一定时期内保持不变，以确保法律体系的连续性和可靠性。形式

---

[1] 张晓萍，李旭冉.卢埃林法律现实主义视角下疑难案件的司法进路[J].黑龙江工业学院学报（综合版），2023，23（10）：57－62.

主义者认为,法律应当是一种客观、确定的规则,法官应当在裁判过程中严格依据法律文本进行推理,避免主观判断的介入。

在方法论上,形式主义法律思维倾向于使用演绎推理。演绎推理是一种从一般到特殊的逻辑过程,通过三段论的形式将案件事实与法律规范相匹配,从而得出判决。这种推理方式强调逻辑严谨性和法律条文的严格解释,使法官在裁判过程中严格遵循法律条文的字面意义,而不考虑其背后的目的或背景。

此外,形式主义法律思维还强调法律规范的自足性。自足性意味着法律问题应当在法律体系内部得到解决,而不应当依赖于法律外的道德、政策等考量。形式主义者认为,法律是一种独立的规范体系,其内部包含了解决所有法律问题的方法和原则,不需要借助外部因素进行解释或补充。这种自足性的追求使得形式主义在法律适用上展现出一种保守性,倾向于维护现有的法律秩序,并对法律革新持谨慎态度。

(三) 形式主义法律思维的代表理论

形式主义法律思维的代表理论包括概念法学、纯粹法学和分析实证主义。这些理论在法学领域的发展中各具特色,形成了不同的学术传统和研究方法。

首先,概念法学以其强调法律的逻辑体系和内在逻辑为特点。概念法学认为,法律是由一系列抽象概念构成的系统,这些概念相互关联、相互补充,形成了一个完整的法律体系。通过对法律概念的逻辑分析和演绎,可以推导出适用于具体案件的法律规则。

其次,纯粹法学强调法律规范的封闭性和逻辑性。纯粹法学的核心观点是将法学研究范围限定为实在法,即国家制定的法律规范,而排除道德、政治等非法律因素的干扰。纯粹法学认为,法律是一个封闭的规范体系,其效力来源于法律规范之间的逻辑关系,而非外在的社会力量。

最后,分析实证主义法学主张通过语言分析的方法来界定法律的概念和规则。分析实证主义认为,法律是一种社会事实,其存在与否取决于是否满足一定的社会认可标准,而非其内容的道德价值。分析实证主义在法律解释上强调语词的字面意义和规则的明确性,倡导一种更为精细化的法律规则分析方法。

形式主义法律思维在法律史上占据重要地位,其对法律确定性、稳定性的追求，以及对法律规范自足性、普遍性的强调，为法治国家的法律适用提供了坚实的理论基础。然而，形式主义也面临着批评，特别是在处理法律规范的模糊性和法律适用中的创造性问题时，形式主义的局限性逐渐显现。尽管如此，形式主义法律思维依然是现代法律理论和实践中不可或缺的一部分，对法律职业者的训练和法律决策的制定产生了深远的影响。

二、实质主义法律思维的理论基础

（一）实质主义法律思维的兴起背景

实质主义法律思维的兴起背景在于20世纪初工业化进程加速和社会关系复杂化的趋势。形式主义法律思维在处理新兴社会问题时逐渐显现出局限性，这促使法学界出现了对传统法律思维方式的反思与超越。

首先，法律现实主义者的质疑是实质主义法律思维兴起的重要背景之一。法律现实主义者，对法律确定性和司法过程的客观性提出了质疑。他们认为，法律应更多地反映社会现实和公众意愿，而不是僵化地依据形式主义的逻辑推理。这种质疑促使人们开始重新审视法律的实际运作方式，使实质主义法律思维的观念得以渐渐深入人心。

其次，民主和法治理念的兴起也推动了实质主义法律思维的发展。随着民主理念的传播和法治观念的普及，人们开始意识到，法律不仅应当具备形式上的合法性，更应当体现社会的公正和合理。这种追求更加公正和合理的法律秩序的社会需求，与形式主义法律思维所强调的法律规则的形式逻辑相比，更加注重法律的实际效果和社会价值。

（二）实质主义的基本原则与方法

实质主义法律思维的基本原则和方法反映了对法律实质内容的重视，并试图使法律更好地实现社会正义和秩序。

首先，实质主义强调法律的目的性。实质主义者认为，法律的存在和发展应当为实现社会的正义和秩序服务，而不仅仅是为了维护一套抽象的规则。因此，法律的解释和适用应当以实现法律的目的为导向，而非仅仅机械地适用规则。这意味着在法律实践中，应当注重法律规则背后的目的和意图,以更好地达成法律所追求的社会效果。

其次,公正性是实质主义法律思维的基本原则之一。实质主义者认为,法律应当体现社会的公正和公平,而不是简单地奉行形式上的公正。因此,在法律的解释和适用过程中,应当考虑到社会的不平等和不公正,以确保法律的实际效果符合社会正义的要求。

实质主义法律思维还强调法律的动态性。实质主义者认为,法律应当随着社会的发展和变化而不断发展,以适应不断变化的社会需求和价值观。因此,在法律解释和适用中,应当考虑到社会变化对法律规范的影响,及时调整和完善法律体系,以保持其与社会现实的一致性。

此外,实质主义法律思维倡导法律思维的开放性。法律问题的处理不应局限于法律规范本身,而应广泛考虑社会、经济、文化和政治等因素。因此,在法律解释和适用中,应当综合考虑各种相关因素,以求得最符合实际情况和社会需要的解决方案。

(三) 实质主义法律思维的代表理论

实质主义法律思维的代表理论包括目的法学、利益法学、自由法学和现实主义法学。这些理论各自从不同的角度对法律进行解释和适用,体现了对法律实质内容的重视和追求。

第一,目的法学强调法律解释和适用应当以法律的目的为核心。目的法学认为,法律规范背后的目的和动机是法律的真正生命,法官在裁判时应当探究和实现这些目的。这种理论认为,法律规范不应仅仅被视为抽象的规则,而应当与法律的目的相联系,以实现社会正义和秩序。

第二,利益法学强调法律的实质是对社会各种利益的平衡和协调。利益法学认为,法律应当反映社会各方的利益需求,并在裁判时权衡这些利益,以实现利益的公正分配。这种理论强调法官在裁判中应当关注案件涉及的各种利益,以便做出符合社会公正和平衡的裁决。

第三,自由法学强调法官在法律适用中的自由裁量权,主张法官应当根据案件的具体情况和社会的实质正义,灵活地发现和适用法律。自由法学对形式主义法律思维的僵化和机械性持批判态度,强调法官在裁判中应当注重法律背后的实质意义和目的。

第四，现实主义法学强调法律研究应当关注法律在实际社会生活中的应用和效果。现实主义法学认为，法律规则的效力来源于其在社会中的接受和遵守，而非其形式上的特征。这种理论主张法律研究应当注重法律的实际运作情况，以便更好地理解和应对法律问题。

实质主义法律思维在法律理论和实践中产生了广泛的影响，它为法律的实质正义和社会发展提供了理论支持。然而，实质主义也面临着挑战，如可能导致法律的不确定性增加，以及法官的主观性过强等问题。尽管如此，实质主义法律思维对于推动法律的现代化和民主化，以及提高法律的公正性和灵活性，具有重要的理论和实践价值。

三、形式主义与实质主义的辨析与对比

形式主义与实质主义法律思维作为法律解释和适用的两种主要进路，在理念、方法和目标上存在显著差异。形式主义法律思维强调法律规范的形式特征，主张法律的普遍性、明确性和稳定性，其法律适用过程倾向于演绎推理，即从一般规则到具体案件的逻辑推演。形式主义倾向于认为法律是一个封闭的、自洽的系统，法官的角色是发现并适用法律规则，而非创造法律。相反，实质主义法律思维着重于法律的实质内容和社会效果，认为法律应当反映社会的道德价值和公共政策，其适用过程更侧重于归纳和类比推理，强调法官在法律适用中的创造性和灵活性。

在法律实践中，形式主义和实质主义的应用展现了不同的法律文化和司法理念。形式主义在那些强调法律确定性和可预测性的法域中占据主导地位，如合同法和财产法。法官在这些领域通常被期望严格依照成文法律规则进行裁判，以维护交易安全和市场秩序。而实质主义则在那些需要考虑社会公正和个体权利保护的领域中更为突出，如刑法和家庭法。在这些领域，法官可能需要考虑法律之外的道德和政策因素，以实现个案的公正。

形式主义法律思维的优势在于其能够提供法律适用的确定性和可预测性，有助于维护法律秩序和市场交易的稳定性。然而，其局限在于可能忽视

法律的社会效果和个案的具体情况，导致法律适用的僵化和不公。实质主义法律思维的优势在于其能够使法律更好地适应社会变迁和保护个体权利，但同时也带来了法律适用的不确定性和主观性，可能导致法律规则的不稳定和司法裁量的随意性。

（一）形式主义与实质主义的辨析

形式主义与实质主义在法律思维中的辨析是法学领域中的重要议题，对于理解和适用法律规则具有深远的影响。首先，形式主义着眼于法律规则的普遍适用和客观性，将法律的正义归结于规则的明确和稳定。形式主义的法律思维强调法律规范的普遍性和逻辑性，强调法律的清晰性和确定性。这种观点认为，法律规则应当被机械地应用，以确保在不同的案件中得到一致的适用，从而保障法律的稳定性和可预测性。

然而，形式主义也存在一些局限性。其一是可能忽视了法律规则背后的社会目的和道德价值。在某些情况下，形式主义的机械适用可能导致与社会公正相悖的结果。其二是形式主义对于法律规则的严格解释可能限制了法律适应社会变化的能力，使得法律在面对新的社会问题时显得无能为力。

相对而言，实质主义法律思维强调法律的目的性和灵活性，认为法律应当是一种实现社会目标和价值的工具。实质主义的法律思维更加关注案件的具体事实和社会的实际影响，主张法官在裁判时应当考虑法律的目的和社会政策，以实现个案的公正和法律的社会功能。

实质主义的优势在于其能够使法律更好地适应社会的需求，提高法律的灵活性和公正性。然而，实质主义也存在一些局限性。其一是可能增加法律适用的不确定性，导致法律的稳定性和可预测性受损。其二是对于法官的主观判断的依赖，可能引发对司法公正性的质疑。

（二）形式主义与实质主义的对比

在法律思维的对比中，形式主义与实质主义的辨析体现了两种截然不同的法律理念。形式主义强调法律规则的普遍性和确定性，视法律为一套规范体系，其目标在于维护法律的稳定性和可预测性。相比之下，实质主义注重法律的实质公正和社会适应性，主张法律适用应考虑案件的具体情况和社会

的实际影响,以实现个案的公正和法律的社会功能。在具体的法律实践中,这两种思维方式体现了以下对比:

第一,形式主义倾向于严格适用法律规则,将法律适用视为一种机械的过程,而实质主义则更注重根据案件的具体情况灵活解释和适用法律,以实现个案的公正和法律的社会功能。

第二,形式主义强调法律规则的普遍适用,认为法律规则应具有普适性,而实质主义则认为法律应当考虑特殊情形,以保证法律适用的公正性和合理性。

第三,形式主义下,法官的角色更多是发现和适用法律规则,而在实质主义下,法官需要在法律适用中发挥更大的创造性和主动性,以更好地实现法律的目的和社会价值。

第四,形式主义倾向于将法律视为一个独立的系统,强调法律的内在逻辑和自洽性,而实质主义认为法律应当与社会的价值和政策相协调,以实现法律的社会功能和公正。

第五,形式主义追求法律确定性方面具有优势,保障了法律的稳定性和可预测性,而实质主义更注重实现法律的实质公正,强调法律适用的合理性和公正性。

在法律思维的发展历程中,形式主义与实质主义的对比与辨析,为法律理论和实践提供了丰富的思考路径。这种多样性和包容性有助于法律制度更好地回应社会的需求,实现法律的正义、效率和适应性。因此,在法律实践中,平衡形式主义与实质主义的优势与局限,将有助于更好地处理法律问题,促进法治的稳定和发展。

第三节 法律思维的理论关注

一、法律思维与法学理论的结合

(一)法学理论对法律思维的影响

法学理论作为法律思维的基石,对法律思维的模式和过程产生深远影响。法学理论提供了一套分析和解释法律现象的概念框架和方法论工具，从而为法律思维赋予了系统性和深度。在法律实践中，法学理论不仅指导法律人如何理解和适用法律规范，还影响他们如何识别和解决法律问题。例如，自然法学派强调法律与道德的内在联系，这可能导致法律思维更注重法律的道德维度；而法律实证主义则倾向于将法律视为一套自主的规范体系，这可能促使法律思维更加形式化和规则导向。

法学理论还影响法律思维的价值观和目标导向。它不仅涉及法律规范的逻辑结构和法律体系的内在一致性，还涉及法律的目的、功能以及法律在社会中的作用。这些理论视角为法律人提供了不同的思考路径，使他们能够在多元复杂的社会现实中，识别和权衡不同的利益和价值，进而形成全面、平衡的法律判断。

（二）法律思维中的理论性与说理性

法律思维的理论性体现在其对法律问题进行深入分析和综合的能力。法律人不仅要掌握法律规范，还要理解规范背后的理论基础和价值取向。这种理论性使得法律思维能够超越具体案件的表面现象，探究其背后的法律原则和社会政策。法律思维的说理性则要求法律人在做出判断时提供充分的理由和论证，这些论证应当基于法律规范、法律原则以及法律的目的和精神。

说理性是法律思维的核心特征之一，它要求法律人在其决策过程中展现透明度和可追溯性。通过说理，法律人能够展示其决策的合理性和合法性，增强法律决策的可接受性和权威性。此外，说理也是法律沟通和法律文化形成的重要途径，它促进了法律共同体内的对话和共识形成。

（三）法学理论与法律思维的互动关系

法学理论与法律思维之间存在一种动态的互动关系。法学理论为法律思维提供了理论资源和分析工具，而法律思维的实践又不断地对法学理论进行检验和反馈。在这种互动中，法学理论得以发展和完善，法律思维也变得更加丰富和成熟。

法学理论的创新往往源于对法律实践问题的深刻洞察。法律实践中出现的新情况和新问题，推动法律理论家对现有理论进行反思和超越，提出新的理论假设和解释框架。反过来，法律思维在理论创新的启发下，能够更加灵活和深入地应对法律实践的挑战，提高法律解决方案的创新性和有效性。

此外，法学理论与法律思维的互动还体现在法学教育和法律职业培训中。法学教育的目的之一就是培养学生的理论素养和说理能力，使他们能够在法律实践中运用和发展法学理论。通过案例分析、模拟法庭和学术研讨等教学方法，学生能够将抽象的法学理论具体化、实践化，形成自己独特的法律思维方式。

二、法律思维理论关注的价值论证

（一）法治构建层面的理论关注

法治是国家治理体系和治理能力现代化的重要标志，其构建不仅依赖于法律规范的制定和执行，更深层次地依赖于法律思维的普及和深化。在法治构建的过程中，理论关注是不可或缺的，它为法律的权威性、实施的有效性和社会适应性提供了深层次的支撑。

1. 法律权威与公民认可度

法律权威的建立在于法治社会的稳定和发展，其基础在于法律的正当性和公民的内心认可。法律权威的确立需要法律思维的支撑，其理论性强调法律规范的法理和正当性，这种理论基础为法律赋予了深厚的内涵和社会意义，使得法律不仅仅是一种外在的规则束缚，更是一种内在于公民心中的价值认同。在这一过程中，公民对法律的认可度成为重要的衡量指标。

法律思维的说理性要求法律决策过程中每一步都需提供充分的论证和理由。这种透明和可追溯的决策过程不仅有助于确保法律决策的合理性和公正性，更重要的是提升了公民对法律的信任感。当公民感知到法律决策过程的合理性和公正性时，他们更容易接受和尊重法律，从而增强了法律的权威性。因此，法律思维的合理性和透明性对于法律权威的建立至关重要。

另外，法律权威的确立还需要法律的实践效果与社会价值相符。如果法律能够有效地维护公民的权益、保障社会的稳定和秩序，那么公民自然会更加认可和尊重法律的权威。因此，法律思维在法律制定、适用和执行过程中，需要充分考虑法律规范的实际效果和社会价值，确保法律能够真正体现社会公正和人民意愿。

此外，法律教育和宣传也对法律权威的建立起着重要作用。通过法律教育，公民能够了解法律的原理和意义，增强对法律的认同感和尊重。同时，通过宣传法律的公正性和权威性，可以提高公民对法律的信任度和认可度，进而增强法律的权威性。

2. 法律实施与社会适应性

法律的实施是法治建设的核心环节，其有效性直接关系到法治的成败。在法律实施过程中，法律思维发挥着重要作用，其作用体现在对法律规范的正确理解和适用，以及对法律实践中出现问题的及时响应和解决。法律思维的理论性为法律实施提供了坚实的理论基础，确保法律规范能够在不同的社会情境中得到恰当的解释和应用。

社会是动态发展的，法律必须具备一定的适应性和灵活性才能在不断变化的社会中保持其生命力。法律思维的说理性在这一过程中至关重要，它要求法律人员能够基于法律的原则和精神，提供合理的解释和创新的解决方案，以应对新的社会现象和问题。这种基于理论的灵活性和创新性是法律实施社会适应性的关键，能够使法律更好地适应社会的发展和变化。

与此同时，法律思维的理论性还要求法律从业者在实践中不断反思和审视现有的法律规范和理论。通过对法律的不断审视和更新，确保法律规范和理论能够与社会发展的需要相适应，保持其时代性和有效性。这种理论自省和更新的过程是法律实施社会适应性的重要保障，能够使法律在面对社会变革时保持其权威性和可靠性。

（二）思维意识层面的理论关注

在思维意识层面，法律思维与法学理论的结合对于深化法律实践、提升法律人的思维品质具有重要意义。理论关注不仅丰富了法律思维的内涵，也为法律的深入实施和法治社会的构建提供了坚实的思想基础。

1. 法理与法律调整对象的关系

法理作为法学理论的核心组成部分，涉及法律的基本原则、价值取向和逻辑结构，与法律调整对象之间的关系是法律思维理论关注的重要内容。法律调整对象的范围广泛，包括个人行为、社会关系、财产分配等多个方面。法理的深层内涵能够为这些调整对象提供正当性基础，确保法律规范不仅仅是外在的约束，更是内化的认同。

在法律实践中，法理的运用有助于法官和法律工作者超越具体条文，把握法律的精神实质，从而在处理复杂案件时能够做出更加公正合理的判决。通过深度挖掘和阐释法理，法律不再局限于表面的文字规定，而是充满了人文关怀和社会责任感。这种以法理为指导的法律思维，有助于拉近法律与公民的距离，提升公民对法律的信任和尊重。

法理的运用还可以为法律调整对象提供适当的法律解释和适用，尤其是在涉及多重利益冲突或法律空白的情况下。通过对法理的深入理解和分析，法官和法律工作者能够更好地把握法律规范的内涵和目的，从而为法律调整对象提供更加合理和公正的法律保护。这种基于法理的法律思维，有助于保障法律规范的权威性和可信度，进而增强公民对法律的认同和遵从意愿。

2.法学理论的实践指导作用

法学理论的实践指导作用在于为法律实践提供了理论支撑和方法论指导。这种指导作用不仅仅体现在法学理论的抽象性和系统性上，更体现在其能够提炼出法律现象背后的普遍规律和原则，为解决具体的法律问题提供了思路和工具。在法律实践中，法学理论的指导作用尤为重要，它能够帮助法律人正确理解和适用法律，提高法律决策的科学性和合理性。

（1）法学理论的实践指导作用表现在其为法律实践提供了理论支撑。通过对法学理论的深入研究和理解，法律人可以更好地把握法律规范的内涵和目的，从而在处理具体案件时能够做出更加合理和公正的判决。例如，通过对法学理论中的正义原则和法治理念的理解，法官可以在司法实践中注重公正和法律精神的体现，而不是仅仅机械地适用法律规则。

（2）法学理论的实践指导作用体现在其对法律思维的培养和塑造上。通过系统学习和思考法学理论，法律人可以形成完善的法律知识结构和分析能力，从而更好地应对复杂的法律问题。此外，法学理论还能够激发法律人的批判性思维，促使其不断反思和审视现有的法律规范和实践，从而推动法律的进步和发展。例如，通过对法学理论中不同学派的比较和分析，法律人可以更全面地认识到不同法律观念的优缺点，从而更好地选择适用于特定情况的法律理论和方法。

三、法律实践的理论转型

（一）"重对策而轻理论"现象的反思

在当代法学研究与实践中，存在一种倾向，即过分强调对策性研究而忽视了理论的深度与创新。这种"重对策而轻理论"的现象，虽然在短期内可能对解决具体法律问题具有立竿见影的效果，但从长远来看，却可能削弱法律学科的理论深度和学术厚度，限制了法律实践的创新潜力和理论的前瞻性。

法律实践不应仅仅满足于对现行法律规范的适用和解释，而应深入挖掘法律现象背后的理论基础，探索法律规范的哲学意蕴和社会功能。理论的深度能够为法律实践提供更为坚实的基础，增强法律人对法律现象的洞察力和批判性思维能力。因此，对"重对策而轻理论"的现象进行反思，意味着重新审视法学研究的方向，重视理论的积累和创新，以理论的深度推动法律实践的深化和发展。

（二）法学研究的理论创新核心

法学研究的理论创新是推动法律学科发展的关键动力。理论创新不仅要求法学研究者具备深厚的理论素养，还要求他们能够敏锐地捕捉到法律实践中的新问题，提出具有启发性的理论观点和分析框架。

1. 法学研究的主观要素

法学研究的主观要素，即研究者的学术态度、思维方式和研究方法，对理论创新具有决定性影响。

（1）法学研究者需要具备清醒的认识，能够深入挖掘法律现象背后的社会原因和文化根源。这种"清醒"的学术态度要求研究者不仅要关注法律规范本身，还要关注规范背后的社会现实和价值取向。

(2) 法学研究者的责任感对于理论创新同样至关重要。研究者应当具备严谨的学术精神，不仅仅满足于提出对策，更应深入分析问题的根源，提出具有深度的理论见解。这种责任感促使法学研究者不断追求学术的深度和广度，为法律实践提供更为坚实的理论支撑。

2. 从"制度革新"到"理论革新"

法学研究的理论创新还体现在对"制度革新"的超越，即从关注具体的法律制度变革转向对法律理论的深入挖掘和创新。这种"理论革新"不是对"制度革新"的否定，而是对其深层次的拓展和升华。理论革新要求法学研究者不仅要关注法律制度的实际操作和效果，还要探索这些制度背后的理论逻辑和价值基础。

理论革新的过程是一个从实践到理论，再从理论到实践的循环过程。法学研究者需要在经验事实中发现问题，运用现有理论进行解释，提出创新性的理论假设，并通过严格的论证和证伪过程，形成具有普遍性的理论命题。这一过程不仅要求法学研究者具备深厚的理论素养，还要求他们能够灵活运用社会科学的研究方法，实现法学研究方法的多元化和创新。

四、法律思维理论的实证分析

（一）法律思维理论在司法实践中的应用

法律思维理论在司法实践中的应用是评估其有效性和价值的重要途径。通过具体案例的分析，可以清晰地观察到法官和法律专业人士如何运用法律思维理论指导和影响判决结果的合理性。在处理合同纠纷案件时，法官需要运用合同法的基本原则，例如公平原则和诚实信用原则，对案件事实进行全面分析。在这个过程中，法律思维理论要求法官不仅仅关注法律规范的字面意义，还要深入挖掘其背后的法理精神，以确保裁判结果符合社会公平正义的要求。

在刑事审判中，法律思维理论的应用体现在对证据的严格审查和被告人权利的保护上。法官在审理案件时，必须依据刑事诉讼法的规定，保障证据的合法性、相关性和充分性，同时维护被告人的辩护权和无罪推定原则。通过这些法律思维的应用，司法实践能够更好地体现法治原则，提升司法公信力。

举例来说，假设一个合同纠纷案件涉及一方违约问题，法官在审理时不仅要审查合同文本，还需考虑双方当事人之间的交易背景、合作关系以及交易过程中的诚实信用原则等因素。在这个过程中，法官需要运用法律思维理论中的合同法相关原则，全面评估案件事实，并基于法理精神做出符合正义和公平的裁判。

另外，在一起刑事案件中，如果被告人因涉嫌盗窃被起诉，法庭需对检方提供的证据进行严格审查，确保证据来源合法、证据链完整，同时要求保障被告人的辩护权利，充分听取其陈述和辩护意见。这种法律思维的应用有助于确保司法裁决的公正性和合理性，增强公众对司法机构的信任和尊重。

（二）法律思维理论在立法过程中的作用

法律思维理论在立法过程中的作用至关重要。在制定法律时，立法者需要根据法律思维理论中的基本原则来确保立法的科学性和系统性。这些基本原则包括法律的普遍性、明确性和可操作性。普遍性要求法律适用于所有适用情况，明确性要求法律规范清晰明了，可操作性则要求法律规范能够实际执行和有效实施。法律思维理论还要求立法者在制定法律时，必须充分考虑法律的社会效果和对公民权利的影响，以确保法律的社会效益最大化。

在立法过程中，法律思维理论的应用还体现在对法律规范的逻辑结构和内在一致性的维护上。立法者需要运用法律思维理论中的逻辑推理和系统分析方法，避免法律规范之间的冲突和矛盾，从而确保法律体系的和谐统一。通过对法律规范的逻辑结构进行严谨分析，立法者可以更好地把握法律的内在精神和逻辑关系，确保立法的严谨性和一致性。

此外，法律思维理论还要求立法者在立法过程中注重法律的合理性和公正性。合理性要求法律规范符合道德伦理和社会公正原则，公正性要求法律规范公平对待各方利益，不偏不倚。因此，在制定法律时，立法者需要运用法律思维理论中的伦理和公正原则，确保法律规范的合理性和公正性，从而提升法律的权威性和可信度。

(三) 法律思维理论在法律服务中的体现

法律服务作为法律思维理论应用的一个重要领域，对于律师而言具有重要意义。在提供法律咨询、代理诉讼和参与谈判等服务时，律师需要深入运用法律思维理论，以分析案件的法律关系，并为客户提供专业的法律意见。这需要律师不仅要熟悉相关法律规范，还要能够运用法律原则和法律逻辑，以确保为客户提供全面、准确的法律解决方案。

在法律服务过程中，法律思维理论的应用还体现在对法律风险的评估和预防上。律师需要通过法律思维理论的框架，对可能涉及的法律问题进行全面的评估和预判。这包括审查案件中存在的法律漏洞或潜在的法律风险，帮助客户制定相应的风险管理策略，以保护客户的合法权益和利益。通过对法律风险的及时评估和预防，律师可以有效地避免或减少客户在法律事务中可能面临的损失和风险，提高法律服务的质量和效果。

除此之外，法律思维理论还指导律师在法律服务中积极主动地为客户提供法律帮助。律师需要根据法律思维理论的指导，主动关注客户的需求和问题，积极寻求解决方案，并为客户提供必要的法律援助。这种积极主动的法律服务态度，不仅有助于提升律师的专业形象和声誉，也能够增强客户对律师的信任和满意度，促进法律服务行业的健康发展。

五、法律思维理论的发展趋势

（一）法律思维理论的国际化与本土化

法律思维理论在当今全球化的背景下，呈现出国际化与本土化并存的发展趋势。国际化意味着法律思维理论在全球范围内的交流与融合，这一趋势旨在强调不同法律体系之间的对话与互动。随着国际贸易、跨国犯罪和人权保护等问题的日益突出，国际法律规范和原则对国内法律实践产生了深远影响。在这一过程中，法律思维理论不仅需要吸收和借鉴国际上先进的法律理念和方法，还需要在国际法律框架内解释和适用国内法律，以适应全球化的法律需求。

国际化趋势下，法律思维理论的发展受到多种因素的影响。首先，国际贸易和投资的日益增加导致了跨境交易的复杂化，需要涉及不同法律体系的协调和整合。其次，跨国犯罪活动的频发使得国际刑法合作成为必要，促使各国之间加强法律信息共享和执法合作，从而推动了法律思维理论在跨国司法实践中的发展和应用。此外，人权保护成为国际社会的共同关注点，国际人权法的适用和实践对于各国法律体系的完善和发展至关重要。

然而，尽管国际化趋势不可避免地推动了法律思维理论的发展，但在实践中，本土化的需求也同样重要。本土化强调法律思维理论在特定社会文化和法律传统中的适应性，这与国际化并不矛盾，而是对国际化的一种补充和延伸。不同国家和地区的法律体系根植于其独特的历史、文化和社会条件，因此法律思维理论的发展必须考虑到本土的法律实践和民众的法律需求。

在本土化的趋势下，法律思维理论的研究和应用需要结合本土的法律传统和社会现实，以开展符合本土特色的法律解释和适用方法。这包括对本土法律文化、法律制度和法律实践的深入研究，以及在此基础上发展出能够解决本土法律问题的理论框架和实践方法。只有充分考虑到本土的法律特点和社会需求，法律思维理论才能够真正为当地的法律实践和司法改革提供有效的指导和支持。

（二）法律思维理论的创新路径

法律思维理论的创新路径是法律学科发展的重要动力，旨在不断推动法律领域的理论探索和实践创新。这一创新路径涵盖了多个方面，其中包括跨学科研究、实证研究方法、信息技术的应用、法律教育的改革以及社会实践的参与。

跨学科研究是法律思维理论创新的重要途径。法律作为一门综合性学科，与哲学、社会学、经济学、认知科学等多个学科有着紧密的关联。借助于跨学科的研究成果和方法，法律思维理论得以从多维度、多角度进行深入探讨，形成更为丰富和全面的研究视角，从而促进法律思维理论的创新和发展。

实证研究方法在法律思维理论的创新过程中发挥着重要作用。通过实证研究方法，如案例分析、数据统计和比较研究，可以对法律思维理论进行验证和完善。这种基于实证数据的研究方法,有助于深入理解法律思维的实质和规律,为法律思维理论的深入发展提供了科学的支撑和依据。

信息技术的应用为法律思维理论的创新提供了新的契机。随着大数据、人工智能等现代信息技术的发展,研究者可以利用这些技术手段对法律案例进行深入分析,发现其中蕴含的法律思维的规律和特点。通过信息技术的应用,可以更加全面、高效地开展法律思维理论的研究和探索,推动法律思维理论的创新和进步。

法律教育的改革是促进法律思维理论创新的重要途径。通过改革法律教育,培养学生的批判性思维和创新能力,可以为法律思维理论的发展提供人才支持。培养具有创新意识和实践能力的法律人才,不仅可以为法律思维理论的创新注入新的活力和动力,也能够为法律领域的实践创新提供强有力的支持。

社会实践的参与也是推动法律思维理论创新的重要途径。鼓励法律学者参与社会实践,通过解决实际法律问题,提炼和形成新的法律思维理论。通过与实际问题的接触和解决,法律学者可以更加深入地理解法律思维的本质和内涵,为法律思维理论的创新提供新的思路和方法。

第三章 法律思维的模式、方法及立场

第一节 涵摄思维模式与类型思维模式

一、涵摄思维模式

（一）涵摄思维模式的体现

涵摄思维模式，作为法律思维的一种重要形式，深刻体现了法律推理的逻辑性和体系性。在司法实践中，它不仅是法律人处理具体案件的一种方法论，更是法治社会得以稳固和发展的重要保障。

首先，涵摄思维模式体现了法律推理的逻辑性。在法律实践中，涵摄思维模式要求将具体案件置于法律的事实构成之下，即把小前提置于大前提之下，或者把小概念置于大概念之下。这种思维模式通过形式逻辑的三段论，从已知的大小前提出发，推导出结论。它强调了法律推理的严密性和逻辑性，使得法律判断更加客观、公正。

其次，涵摄思维模式促进了法治社会中的权力分立与制衡。在涵摄思维模式下，法官必须受到民主的立法的约束，这使得非民选的法官在行使司法权时，必须依据现有的法律制度进行裁判，从而有效地约束了法官的主观恣意。这种思维模式有助于实现立法权与司法权的分离，确保法治社会的稳定和有序。

最后，涵摄思维模式还有助于人们达成意见的一致性。在司法实践中，不同的法官、律师和学者可能会对同一案件产生不同的看法。然而，通过涵摄思维模式，他们可以将具体案件纳入由法律概念所标明的案件类别中，从而在同一法律框架下进行讨论和辩论。这种思维模式有助于消除分歧，促成人们达成意见的一致性，进而维护社会的和谐与稳定。

此外，涵摄思维模式并非万能，它也存在一定的局限性和不足。例如，在复杂多变的现实社会中，有些案件可能难以直接纳入现有的法律框架中，这时就需要法官发挥创造性思维，寻找合适的解决方案。此外，涵摄思维模式过于强调形式逻辑，有时可能忽视了案件背后的社会、文化和政治等因素，导致判决结果与社会现实脱节。

（二）涵摄思维模式的形式性

涵摄思维模式，作为一种重要的法律思维形式，其显著特点便是形式性。这种形式性体现在多个层面，从基础逻辑结构到现代逻辑的应用，都展现了涵摄思维模式对于形式有效性的追求。

涵摄模式是建立在演绎逻辑之上的思维模式。演绎逻辑，作为逻辑推理的一种基本形式，其核心在于从一般到特殊的推理过程。在涵摄思维模式中，大前提通常表现为一般性的法律规范，而小前提则是具体的案件事实。通过涵摄，将案件事实置于法律规范之下，从而得出法律结论。这一过程严格遵循演绎逻辑的规则，确保了结论的形式有效性。

演绎逻辑中的结论与大前提和小前提之间的关系仅仅是形式有效的。这意味着，即使大前提和小前提本身不具有真实性，也并不会影响结论的形式有效性。这种特性使得演绎逻辑被称为形式逻辑，即其关注点在于推理的形式结构，而非推理内容的真实性。涵摄思维模式正是继承了这种形式逻辑的特性，将重点放在推理的形式结构上，而不过多关注推理内容的具体真实性。

随着现代逻辑的发展，自然语言逐渐被转换为人工语言，通过运算程序规则，实现了逻辑的形式化。这种形式化不仅使得逻辑推理更加精确和严密，也为法律推理提供了更为强大的工具。在现代逻辑的影响下，法律推理过程也被构造成一个谓词演算逻辑，进一步强化了法律规范推理的形式化。在涵摄思维模式中，现代逻辑的应用使得推理过程更加严谨和高效，提高了法律推理的准确性和可靠性。

此外，涵摄思维模式的形式性还体现在其对于推理过程的客观性和中立性的追求上。由于涵摄思维模式主要关注推理的形式结构，因此能够在一定程度上排除主观因素的干扰，使得推理过程更加客观和中立。这种客观性和中立性有助于维护法律的公正性和权威性，确保法律适用的统一性和稳定性。虽然形式有效性是逻辑推理的基本要求之一，但在实际法律应用中，仅仅依靠形式有效性往往难以解决所有问题。有时候，推理内容的真实性同样重要甚至更为关键。因此，在运用涵摄思维模式时，我们需要在追求形式有效性的同时，也要关注推理内容的真实性，以确保法律推理的全面性和准确性。

总之，涵摄思维模式的形式性是其核心特点之一。这种形式性不仅体现在演绎逻辑的基础上，也体现在现代逻辑的应用中。同时，我们也需要认识到形式性的局限性，并在实践中加以克服和完善。通过深入研究和实践涵摄思维模式的形式性，我们可以更好地理解和运用这一重要的法律思维工具，为法治建设和社会发展贡献力量。

（三）涵摄思维模式的局限

涵摄思维模式，作为一种在法律推理中广泛应用的思维方式，其基于观察和归纳，通过从个别现象中提炼出普遍规律来指导实践。然而，尽管这种模式具有一定的实用性和有效性，但它也存在着不可忽视的局限性。

第一，涵摄思维模式过于强调归纳和演绎的过程，往往忽视了实际问题的复杂性和多样性。在司法实践中，案件事实往往涉及众多因素，且每个案件都有其独特性。涵摄思维模式试图将复杂的案件事实简化为一种普遍的规律或原则，这种简化的过程往往导致了对案件事实深度和广度的忽视，从而难以全面、准确地把握案件的本质。

第二，涵摄思维模式在运用过程中往往容易受到主观因素的影响。由于该模式主要依赖于观察者的主观判断和经验总结，因此不同的观察者可能会得出不同的结论。这种主观性的存在不仅影响了涵摄思维模式的客观性，也降低了其作为法律推理工具的可靠性。此外，涵摄思维模式还容易受到先入为主的观念或偏见的影响，从而导致推理结果的偏颇。

第三，涵摄思维模式在处理涉及价值判断的案件时显得力不从心。法律不仅仅是关于事实的判断，更是关于价值的抉择。然而，涵摄思维模式往往只关注案件事实本身，而忽视了其中蕴含的价值判断。这使得该模式在处理涉及伦理、道德等价值问题的案件时显得捉襟见肘，难以提供有效的解决方案。

第四，涵摄思维模式还存在着过于机械化的倾向。它试图通过固定的规则和原则来解决所有问题，但这种做法往往忽略了法律适用的灵活性和多样性。在实际操作中，法律适用需要根据具体案件的情况进行灵活调整，而涵摄思维模式往往难以适应这种变化。

为了克服这些局限性，需要在使用涵摄思维模式时保持谨慎和客观的态度，充分认识到其适用范围和限制条件。同时，我们还需要结合其他法律思维方式，如辩证思维、系统思维等，以更全面地分析和解决问题。在实践中，我们应当根据具体案件的情况灵活运用各种法律思维方式，以确保法律适用的准确性和公正性。

为了克服涵摄思维模式的局限，我们还需要不断加强对法律理论和实践的研究和探索。通过深入研究法律的本质和规律，我们可以更好地理解和运用涵摄思维模式，发现其潜在的局限并寻找解决方案。同时，我们还可以借鉴其他领域的思维方式和经验，以丰富和完善法律思维体系，提高法律推理的准确性和有效性。

法律思维是一个不断发展的过程，随着社会的进步和法治建设的深入，新的法律问题和挑战将不断涌现。因此，我们需要保持开放的心态和进取的精神，不断探索和创新法律思维方式和方法，以适应不断变化的法律实践需求。

（四）涵摄思维模式的重构

涵摄思维模式作为法律思维的一种重要形式，在司法实践中发挥着举足轻重的作用。然而，随着法治建设的深入和社会发展的变化，传统涵摄思维模式的局限性逐渐显现，需要进行必要的重构。

第一，涵摄思维模式的重构需要注重思维的开放性和多元性。传统的涵摄思维模式往往过于强调归纳和演绎的过程，导致思维方式的单一性和刻板性。为了克服这一局限，我们应当鼓励法律人在运用涵摄思维模式时，保持开放的心态和多元的视角。这意味着我们需要在尊重法律规范和原则的基础上，充分考虑案件事实的多样性和复杂性，结合实际情况进行灵活的分析和判断。

第二，涵摄思维模式的重构应当强调价值判断的重要性。法律不仅仅是关于事实的判断，更是关于价值的抉择。在重构涵摄思维模式时，我们应当加强对价值判断的研究和应用。这要求法律人在处理案件时，不仅要关注案件事实本身，还要深入挖掘其中蕴含的价值观念和伦理道德因素。通过综合考虑事实和价值两个方面，我们可以更加全面、准确地把握案件的本质，从而作出更加公正、合理的法律判断。

第三，涵摄思维模式的重构需要加强对现代逻辑和方法的运用。现代逻辑和方法的发展为法律思维提供了更加精确、高效的工具。在重构涵摄思维模式时，我们应当积极借鉴现代逻辑和方法的成果，将其融入法律推理的过程中。通过运用现代逻辑和方法，我们可以更加精确地描述和分析法律问题，提高法律推理的准确性和可靠性。同时，现代逻辑和方法的应用也有助于克服传统涵摄思维模式的机械性和刻板性，使法律思维更加灵活和开放。

第四，涵摄思维模式的重构还需要注重实践经验的总结和提炼。实践经验是法律思维的重要来源之一。在重构涵摄思维模式时，我们应当充分借鉴和吸收实践经验中的有益成分，将其转化为法律思维的有效工具。通过总结和提炼实践经验，我们可以更加深入地理解法律规范和原则的实际运用情况，发现其中的问题和不足，从而进一步完善和丰富涵摄思维模式。

第五，涵摄思维模式的重构需要法律人不断提升自身的专业素养和综合能力。法律思维是一种高度专业化的思维方式，需要法律人具备扎实的法律知识和丰富的实践经验。在重构涵摄思维模式的过程中，法律人应当不断加强自身的学习和培训，提高自己的专业素养和综合能力。只有具备了较高的专业素养和综合能力，法律人才能更好地运用涵摄思维模式解决复杂的法律问题，为法治建设和社会发展作出更大的贡献。

综上所述，涵摄思维模式的重构是一个复杂而必要的过程。通过注重思维的开放性和多元性、强调价值判断的重要性、加强对现代逻辑和方法的运用、注重实践经验的总结和提炼以及提升法律人的专业素养和综合能力，我们可以逐步克服传统涵摄思维模式的局限，建立起更加完善、高效的法律思维方式，为法治建设和社会发展提供更加有力的支撑。

二、类型思维模式

在涵摄思维模式面临一些问题，如难以解释事实与价值之间的跳跃，人们开始将类型思维模式引入法律决策过程。类型作为一个范畴，已在人文社会科学中广泛应用。类型思维模式介于抽象与具体之间，处于流动和开放状态，有助于人们在大致上界定和归类事物，因此在法学中也具有重要价值。

总体来说，类型思维对法律适用的贡献在于，它通过价值导向的思考，将法律的事实与价值领域进行沟通，运用类推方法将事实归属于类型，以获得理想的结果。因此，法学中类型思维的关键在于，它通过把握"事物本质"，跨越事实与价值之间的鸿沟。

（一）类型的及其特性

概念与类型在法律人的思维中，各自扮演着不可或缺的角色，它们构成了法律人不同思维方式的基石。深入探讨这两种思维方式，我们可以发现它们各自独特的价值和运用场景。

对于涵摄模式而言，概念无疑是其根本所在。涵摄模式的运演过程，实质上就是将具体的案件事实，通过逻辑演绎的方式，归摄到法律规范中的核心概念之下。这一过程中，概念充当了桥梁和纽带的角色，将案件事实与法律规范紧密地联系在一起。通过涵摄模式，法律人能够依据法律规范的核心概念，对案件事实进行准确的分析和判断，从而得出合法、合理的判决结果。

与涵摄模式不同，类型思维模式则更加注重对法律规范核心意义的把握。在类型思维模式下，法律规范的核心不再是一个抽象的概念，而是一个具有丰富内涵的类型。法律人会将案件事实与这个类型的意义进行比较，判断它们之间是否存在相似性。如果存在相似性，那么就可以通过类推的方式，将法律规范适用于案件事实，从而得出判决结果。类型思维模式更加注重对案件事实与法律规范之间的实质性联系，能够更好地适应复杂多变的法律实践。

概念与类型并非相互排斥，而是可以相互补充的。在实际的法律思维中，法律人可以根据具体情况灵活运用这两种思维方式。对于某些简单明了的案件，涵摄模式可能更为适用；而对于一些复杂疑难的案件，类型思维模式可能更能发挥其优势。通过综合运用这两种思维方式，法律人能够更全面地理解和处理法律问题，为法治建设贡献智慧。

类型有三大特性，即开放性、意义性与直观性，构成了其独特而丰富的内涵。

首先，开放性。类型并非像概念那样拥有固定的、封闭的特征集合。相反，类型的特征是不确定的，可以或多或少地涵盖不同的属性，因此呈现出一种流动性和不明确性。这种开放性使得类型具有更大的包容性和灵活性，能够应对复杂多变的现象世界。

其次，意义性。意义性是类型的另一个核心特征。这里的意义并非单纯指事物的外在表现或属性，而是深入其本质的核心内容。意义的确定依赖于目的性的评价，同一类型的事物因其共享相同的意义而聚合在一起。然而，这并不意味着类型内部的所有事物都是完全相同的，它们之间在程度上可能存在差异，因此呈现出一种相似性而非完全一致性。这种意义的获得是在事物与我、我与事物之间的双向敞开过程中实现的，它是对事物整体把握的一种方式。

最后，直观性。直观性是类型的第三大特性。直观性并不意味着简单的感官印象或表面现象，而是指通过直观的方式把握事物的本质和意义。在类型的框架下，能够通过直观的方式洞察事物的内在结构和规律，从而更深入地理解它们。这种直观性不仅有助于认识事物的本质，还能够引导我们在实践中做出正确的判断和决策。

(二) 日常生活和法律中的类推

类推,作为一种源远流长的思维方法,自古以来便在人类认识世界和处理问题时发挥着举足轻重的作用。它不仅是日常生活中普遍存在的思维现象,更是法律领域中不可或缺的重要工具。

类推,即类比推理,是一种通过对不同事物之间的相似性进行比较,从而推导出它们在某些方面可能具有相同或相似性质的方法。这种思维方式的特点在于,它能够通过已知事物来探索未知事物,实现知识的拓展和深化。在日常生活中,我们经常会运用类推来理解和解释新事物,例如通过已知的事物来比喻未知的事物,以此来增强理解和记忆。

在日常生活中,类推的运用无处不在。人们常常借助类推来理解复杂现象,把握事物本质。例如,在文学艺术领域,作家们常常运用比喻、拟人等修辞手法,通过已知的事物来描绘和表现未知的事物,使作品更加生动形象。在科学研究中,科学家们也经常利用类推来探索新的领域,发现新的规律。例如,通过类比已知的物理现象来推测未知的物理现象,从而推动科学的发展。

在法律领域,类推同样扮演着重要的角色。法律作为一种规范性的社会制度,需要不断适应社会的发展和变化。然而,由于人类理性的有限性和生活事实的无限丰富性,法律不可能穷尽所有可能的情况。因此,在法律实践中,法官往往需要借助类推来处理那些法律没有明确规定或超出法律文义射程的案件。通过类推,法官可以将已知的法律规范应用于未知的法律事实,实现法律的灵活适用和公正裁判。

在大陆法系国家,类推被视为一种填补法律漏洞的方法。当法律没有明确规定或案件事实超出法律的文义射程时,法官可以运用类推思维,将案件事实与已知的法律规范进行对比,从而推导出适用于该案件的法律结论。这种类推思维体现了平等观和公平原则,有助于维护法律的稳定性和权威性。

在英美法系国家,判例法是法官的主要法源。法官在处理案件时,往往需要将当下案件与前例进行比较和类推。通过这种比较和类推,法官可以发掘出先例中所蕴含的法律原则和精神,并将其应用于新的案件中。这种判例类推的方法有助于保持法律的连续性和一致性，促进法律的发展和完善。

虽然大陆法系的类推和英美法系的类推在具体操作上存在差异，但它们都遵循着相同的逻辑理路。无论是将案件与法律规范对比还是将案件与案件对比，其本质都是将未知的事物与已知的事物进行对比和类比。通过这种对比和类比，可以发现它们之间的相似性和共同点，从而推导出适用于未知事物的结论。

类推思维并非万能，在运用类推时，需要保持谨慎和理性。需要确保类推的前提是真实可靠的，否则类推的结果将是错误的，需要仔细分析待决案件与已知事物之间的相似性和差异性，避免过度类推或误用类推，还需要考虑类推结果是否符合法律的基本原则和精神，确保法律的公正性和权威性。

综上所述，类推作为一种重要的思维方式和法律工具，在日常生活和法律实践中发挥着举足轻重的作用。通过类推，可以更好地理解世界、处理问题、适用法律。然而，在运用类推时，我们需要保持谨慎和理性，确保类推的正确性和合法性。未来，随着社会的不断发展和进步，类推思维将在更广泛的领域得到应用和发展。需要不断探索和完善类推理论和方法，以更好地服务于人类社会的发展和进步。

（三）法律思维中类型思维的实质性

类型思维在法律领域中占据着举足轻重的地位，其实质性体现在多个方面，尤其是在相似性判断与"事物之本质"的理解上。

首先，相似性判断是类型思维的核心要素之一，也是其实质性的重要体现。在类型思维中，裁判者在进行类推时，需要在当下案件与类型案件之间进行比较。倘若个案事实之特征与法定事实之特征所呈现的意义相似或相同，那么裁判者就可将前者归入后者的"类型"，并赋予相应的法效果。这种相似性判断并非简单的表面相似，而是深入事物本质的实质性相似。它要求裁判者不仅关注案件事实的表面特征，更要挖掘其背后的法律意义和价值，从而确保类推的准确性和公正性。

其次，类型理论中"事物之本质"的理解也是类型思维实质性的重要体现。在类型思维中，事物的本质并非固定不变的，而是随着人们认识的深化和法律实践的发展而不断变化的。类型思维强调对事物本质的把握，要求裁判者从法律意义上认识事实，将主要特征相同的案件类型和法律事实加以归纳，从而使不确定概念和一般条款具体化。这种对事物本质的深入理解，有助于裁判者更准确地把握案件事实和法律规范的内在联系，从而作出更加合理和公正的判决。

此外，类型思维的实质性还体现在其灵活性和开放性上。类型思维不是一种僵化的思维模式，而是一种能够根据具体情况进行灵活调整的思维方法。它允许裁判者在遵守法律原则和规则的前提下，根据案件事实的具体情况进行类推和归纳，从而得出符合法律精神和社会实际的判决结果。这种灵活性和开放性使得类型思维能够适应复杂多变的法律实践需求，为法治建设提供有力的支持。

综上所述，类型思维在法律思维中具有实质性的重要地位。它通过相似性判断和"事物之本质"的理解，为裁判者提供了更加深入和全面地认识案件事实和法律规范的方法。同时，其灵活性和开放性也使得类型思维能够适应不断变化的法律实践需求，为法治建设注入新的活力。因此，在法律思维中，我们应当充分重视类型思维的作用和价值，不断提升裁判者的类型思维能力，以更好地服务于法治建设和社会发展的需要。

在未来的法治建设中，类型思维将继续发挥重要作用。随着社会的不断发展和法律实践的不断深入，类型思维将面临更多的挑战和机遇。我们需要不断创新和完善类型思维的理论和实践，以适应新时代的法治需求和发展趋势。

第二节 法律思维的解释方法与论证方法

一、法律思维的解释方法

"法律解释方法的核心是法律解释规则，即各种理解、解释和运用法律的规则。"[1] 在法律思维过程中，法律人的很大一部分工作是要构建法律推理的大前提。抽象的法律规则必须转变成针对个案的具体的法律规则才能被用于案件，而这一转变过程需要通过法律解释来完成。如何解释法律、怎样理解法律规则的意义取决于法律解释方法的选择。采用不同的解释方法，就会有不同的解释结果，相应地也就会有不同的判决结论。因此，法律解释方法的选择对于案件结论的形成具有重大意义。

任何解释方法都需要某种理由来支撑。这些理由必须是独立于待解释的文本本身。任何对文本含义的理解都取决于独立于文本之外的判断和承诺。也就是说，解释方法的选择不会由文本本身来决定，而是由文本之外的那些因素来决定。这些因素不仅包括案件的具体情境，也包括解释者本人的思维浅见。就此，法律思维进路的不同影响着法律解释方法的选择和取舍。因为主体思维结构不同，对同一客体的解释和说明也就不同。

遵循法律思维进路的界定，法律解释方法也大体划分为两类，即形式主义法律思维的解释方法和实质主义法律思维的解释方法。

（一）形式主义法律思维的解释方法

形式主义法律思维的主要运作模式就是将案件事实归入法律规范之中，运用涵摄模式从而得出案件的结论。在这种模式下，将案件事实归入法律规范是关键的环节。在这个环节中，由于法律规范本身的抽象性特征和案件事实的具体性特征从而可能使得前者对后者的归入有些困难，这时就需要通过解释将法律规范具体化。在对法律规范以及法律概念具体化的时候，维持语词本身在法律规范中的原本含义以及维持法律概念形成时对其所赋予的含义是涵摄思维的前提。尊重语词约定俗成的含义以及概念的专业用法是法律规则的确定性得以维护的必要条件。在此意义下，维护规则确定性的解释方法就是文义解释、体系解释和历史解释诸方法。

1. 文义解释

法律思维作为一种"根据法律"的思维，先是从法律条文的文字含义出

---

[1] 陈金钊. 法学话语中的法律解释规则［J］. 北方法学，2014，8（01）：107.

发来理解法律的要求。法律的文义框定了法律思维的大体内容，因此文义解释作为一种方法限制了法律思维的边界。文义解释就是根据语法、句法和语言习惯对词语的解释，这种解释旨在探寻通过文字所表达出来的文本的意思。

(1) 法律思维中文义解释优先的原因。在司法实践中，文义解释一般被认为是法律解释的起点，因为任何解释都需要从法律规范条文出发。文义解释作为众多解释方法中首要的方法是因为：

第一，文义解释本来是人们在对文本进行理解时的一种首选方法。解释的本质在于澄清模糊之处，而在哲学解释学中，解释被赋予了更广泛的含义，不仅包括对模糊事物的解释，还包括对文本的理解和应用。在无争议的情况下，事物或文本似乎无需解释，但实际上这是因为所有人对它们都持有一致的看法。作者若想让自己的思想被公众理解和接受，就必须使用语言共同体认可的语言和语法来表达思想。语言的确定性和客观性是交流的基础，缺乏这种特性，交流将变得困难且成本高昂。因此，解释者会首先通过文本本身来探究作者的意图。

在立法过程中，立法者会以普通公众的理解能力为标准来选择立法语言。法律规范的对象是普通公众，只有当公众理解法律时，法律才能发挥效力。由于法律语言与日常用语有所区别，立法者会使用一些专业术语来简化法律语言的表述，并提高其准确性。因此，文义解释在法律解释中具有优先地位，这既是基于人们理解和解释文本时的自然倾向，也是因为立法者以普通公众的理解水平为标准来选择立法语言。这种优先地位保证了法律解释的客观性和可交流性，使其在司法实践中具有重要意义。

第二，文义解释是维护法治的最首要方法。法治是建立在权力分配和彼此制衡基础上的。按照传统的理论，立法权只能由立法机关这一民意机关行使，如此才能保证所立之法是民主意志的产物，才具有合法性。而司法权必须尊重立法权，必须受到法律的约束，其在适用法律时必须忠实地反映立法者的意志。文义解释的方法是比较能够客观地反映立法者的意思，因为立法语言的表达不像文学语言那样有更多的修饰以及感情的渲染，而是冷静的、平白的、经过深思熟虑的、最规范的语言表达。因此，法律文本的文字意义较文学文本的文字意义更少主观性的色彩，对之为客观性的解释不仅是可能的，也是忠实于立法者的最首要方法。因此法院受到法律约束这一原则的任何松动都是对民主原则的损害。它将导致法律中具有约束力的表达的共同意志被当时作出裁判的法官的主观主义所排斥。

第三，除了在宪法的权力分配方面，文义解释具有先天的优先适用性，而且文义解释对于法制的统一有着重要意义。立法者之所以立法，是想用少数的、抽象的法律条文规范无限多样的社会生活，法律的产生也有着经济学上的理由。法律是交易难以达成时的补充机制，是使交易成本最小化的手段。因此，用抽象的法律来规范具体的生活是人们在不断的社会交往中必然采用的办法。但是法律条文有限，社会事实无穷。在具体适用法律的领域，必然会面对法律条文与个案事实之间的规范落差，如此，如何能够保证不同的适用者对于类似案件相同处理，唯有文义解释。文义解释根据立法者凝固的意思表达探究立法者的意旨，由于语词本身的客观性、确定性，从而使得根据语词的解释也具有了客观性和确定性。这是维护法律意义安全、固定性的首选方法。

第四，文义解释作为法律适用的首选方法乃是对法律独立性的维护和尊重。文义解释为法律的解释划定了范围，以此保证了法律的客观性和可预测性，如黄茂荣所说，文义因素，亦即可能的文义在这里显示出它的范围性功能。它划出了法律解释活动之可能的最大回旋余地。并且为法律的适用提供了正当性基础，使法律问题能够在法律范围内解决，而不必寻求其他的智识性资源。相反，超越文义解释的法律适用如果想要说明其正当性则必须诉诸法律外的因素，或者是道德原则、公共政策；或者是功利性后果。因此，超法律因素的考量使得法律的边界变得模糊，我们在使法律更具开放性的同时是以牺牲法律的独立性为代价的，而这种做法的最危险的后果，是可能颠覆法律的自主性，从而颠覆法治的可能性。

（2）文义解释中的法律语言与日常语言。在对法律进行文义解释时应当考虑法律语言与日常语言的关系。日常语言与法律语言的关系有以下三个方面：

第一，法律语言使用日常语言，并以日常用语的含义作为法律用语的含义，在这种情形下，法律解释就应当以探求日常用语的含义为目标。一般来说，立法的对象是社会公众，因此，立法语言应尽可能地通俗、易懂。法律语言在很大程度是由日常语言构成的，社会公众总是带着对日常语言使用时的想象来理解法律规则。

第二，某一语词尽管在日常生活和法律中都存在，但其法律含义不同于日常含义。比如人的概念，在日常生活中，我们总是在生物学分类的意义上使用"人"这个概念，然而法律中的人则被分为自然人和法人，或者依据行为能力的有无被分为完全民事行为能力人、限制民事行为能力人和无民事行为能力人。由此可见，当法律语言有其所指时，应当以法律用语的含义作为法律解释的结果，而不是以其通常的含义加以解释。

第三，有一些语词属于法律的专有名词，其产生就是为了承载法律的丰富内涵。比如法律中的"但书""委付""标的""抵押""留置""担保物权""用役物权"等词语，这些语词一般都具有固定的含义，用于指称特定的事物。并且这些语词由于其专属于法律语言，因此在法律条文中往往伴有法定解释或者是官方解释。适用者在解释这些语词时，就应当尊重已有的解释，而不能对其为自己的解释。

基于日常语言与法律语言的关系，可以概括出文义解释的一些规则，即语词本身既是日常语言的一部分又是法律语言的一部分时，对语词的解释应当尽量以其日常的含义作为解释结果。当某些语词是法律的专业用语时，解释者则不必考虑其他因素，只是参照法定解释是为已足。

(3) 文义解释与法律思维。由于文义解释坚持从文本的平常含义出发来理解文本，因此其能够最大程度地保障法律的客观性和可预期性，而对法律客观性和可预期性的强调恰恰是形式主义法律思维的主要表现。除此之外，在对法律进行文义解释时，无需考虑规则背后的政策和原理，而仅仅是对规则的通常含义加以揭示，这与形式主义法律思维所强调的将"法律规则作为权威性依据"的主张恰相呼应。文义解释方法既照顾到了立法者所要表达的意思，又照顾到了公民对规则所持有的合理期待。因此，形式主义法律思维不仅将文义解释方法作为实现其主张的首选方法，而且将其作为在大多数场合下排他的解释方法，即使运用文义解释可能会导致荒谬的结果。

文义解释方法的运用，强化了根据法律思考的法律思维方式，使得根据法律思考有了基本的方法支持。作为一种根据法律思考的思维，维护法治和尊重立法者权威是其出发点和根本目标。因为法律总是通过形式化的语言来表达的，法律条文中的文字含义是对立法者意图的凝固，除非情况表明并非如此。所以对法律条文字义的遵守就是对立法者意图的尊重。这样一来，出于对立法者意图的尊重，思维主体的视域就应被限定在文义的范围之内。由于对任何文本的理解都始于字义，而字义对于思维主体的理解划定了界限。可以说文义解释起到了约束法律思维的作用。而且实践表明，如果要实现"法律的治理"，那么止步于文义解释应是法律思维的最重要表现。在可能的文义范围内对法律规范进行解释典型地体现了法律思维的"根据法律"的特征。

2. 体系解释

（1）法律思维中的体系解释。在阅读文本时，经常遇到这样的情况：对某些部分的含义感到困惑，只有将这部分与上下文结合起来，才能大致理解其含义。若要获得更深入的理解，则需在阅读完整文本后，重新审视这部分。这实际上涉及到部分与整体的关系。部分的意义只有在整体中才能得以体现，而整体的理解也依赖于对各个部分的理解。一直以来，法律被认为是一个有着内在秩序和逻辑条理的体系。在概念法学看来，这个体系是封闭的，任何法律问题都能够通过体系推演得出结论。而现代的研究表明所谓封闭的体系是不能成立的，由此又有许多学者倡导"开放的体系"。法律到底是封闭的体系还是开放的体系暂且不论，形成共识的是，法律必定是一个体系。而且在这个体系内有着逻辑和道德原则的一致性，即法律秩序应该是由协调的并且规范的价值标准所组成的有序的规范机构。内部存在矛盾的法律秩序将损害对一切公民的、统一的法律标准的要求，并因此损害法律平等的要求。宪法是一个国家的最高法律，所有部门法都不得与其违背；在民法中，总论部分统摄其他部分，在每一部分下又有更细的部署。如在债权法下又有合同法，在合同法中又有各个有名合同的具体规定。当判断一个合同的效力的时候，不仅仅是将视线放在具体合同上，还要去债法的总则部分找寻合同成立步骤的规定，需要在民法总则部分找寻主体能力的有关规定等等。

因此，所谓体系解释就是指将个别法规范放置于法律的整体中进行理解的方法。这种理解方法需要遵循法律思维的逻辑性。体系解释是以法律条文在法律体系上的地位，即依其编、章、节、条、款、项之前后关联位置，或相关法条之法意，阐明其规范意旨的解释方法。然而法律的体系解释方法并不认为基于逻辑上的关联进行解释是为已足，法律秩序亦是一个价值关联的体系，在从事体系解释的工作时，尚需照顾到法律价值的一体性。上下文中法律规范的意义，这是理解任何意义相关的谈话或文字所不可或缺的，当然对于法律条文间事理上的一致性、对法律的外部安排及其内在概念体系都应考虑，然而，这所有种种对解释的价值都有限。经常只有追溯到法律的目的，以及法律基本的"内在体系"，才能真正理解法律的意义脉络。

（2）体系解释与法律思维。法律的体系解释方法是法律体系性思维的一个重要表现，后者将法律视作一个具有外在形式和内在意义皆相互关联的整体，其彼此之间不是杂乱无章的规则的堆砌，而是有着清晰逻辑关系的法律表达。可以说形式主义的法律思维就建立于体系性思维的基础之上，后者对于前者具有重要意义。在体系思维支配下，如果能够从形式上明确规则所处的逻辑地位，那么就基本能够确定规则在该逻辑体系下的含义。此种操作不需要更深层次地探寻法律规范的意旨，只需在体系解释的基本逻辑规则（新法优于旧法、特别法优于一般法）下作业即可，因此这种解释在某种程度上能够较为客观地反映立法者的规整意图，进而也是一种维护法律确定性和可预期性的方法。

体系解释方法自然也是形式主义法律思维应用的主要解释工具。然而，法律的体系性思维在有些情况下表现为内在意义和价值的秩序体系，对此探求需要借助于规范目的，因此体系解释与目的解释又彼此纠缠在一起。对此种情况，我们认为借助于目的解释的体系解释已经不再是体系解释，而是在法律整体目的关照下的规范意义发掘，属于目的解释的范畴。

法律知识与原理、规范体系是法律思维的知识性基础，是否较为完整地掌握法律体系、法学体系、原则体系等，对整个法律思维过程和水平有深刻的影响。体系性思维在法律思维中具有重要意义：①任何法律的适用工作都不是单纯的某一法条或某一法律规范的适用，其往往是与具体案件相关的众多彼此关联的法律条文和法律规范的整体适用，因此法律思维的前提必须是对整体法律秩序有把握；②某一规范或条文的含义只有在将其纳入法律秩序的整体时才能够被理解和明确。因此，体系解释方法是理解法律、应用法律所必不可少的方法；③在将法律体系理解为外在逻辑体系的情况下，由于立法者已将法律价值判断纳入法律体系之中，因此不仅可以减轻思维主体的价值判断工作，从而体现法律的客观性和确定性，而且使得这种价值取舍的事后审查成为可能。

3. 历史解释

法律思维所根据的法律乃是立法者制定的法律，法律思维的目标之一就是要实现立法者通过立法规定所确立的实质性的价值判断，因此立法者的意图对于达至这一目的非常重要。历史解释力图从法律规定产生时的上下文中确定规范要求的内容和规范目的。历史解释系指探求立法者或准立法者于制定法律时所作的价值判断及其所欲实现的目的，以推知立法者的意思。也就是说，历史解释是探寻历史上的立法者制定法律规范时的动机，从而推得立法者通过制定该规范所欲达到的目的。运用历史解释的方法，有助于查明立法者当时的立法意图，从而为当下案件的解决提供材料。

尽管历史解释方法备受质疑，但通过挖掘历史资料来探究立法者在规范形成时的真实意图，旨在追求法律解释的客观性。这种方法要求法律人在法律思维中保持谦逊，克制对规则进行创造性解释的冲动，力求实现立法者意图。作为形式主义法律思维的常用方法，根据历史解释方法得出的解释结果反映了法律人对立法者意志的服从和尊重，以及对形式法治的坚守和尊崇。

历史解释方法在法律思维中有助于我们理解法律规范，同时，在任何事物的理解中，回溯历史都是理解的基础。理解文本的前提是理解文本所回应的问题和情境，因此解释首先是历史研究任务。在法律思维中，当法律规范含义存在歧义时，人们会追溯至立法者意图，因为尊重立法者意志是法律人的责任。法律人不能以个人理解替代立法者意志，否则法治基础将动摇。通过研究立法资料和当时历史情况，我们可以有效发现立法者意志。尽管原意说受到批评，但根据法制原则，法律人不能完全放弃历史因素。在法律思维中，应重视立法者原意，通过挖掘立法时代背景和立法资料，才能把握立法者意图。立法者意图是法律人理解法律真意的关键，尤其对于立法历史较短的法律，历史解释是探明法律含义的重要方法。

（二）实质主义法律思维的解释方法

基于实质合理性的考量，实质主义法律思维在解释方法的选择上就会更多地考虑影响案件和法律意义的实质性因素，于是其他的解释方法如目的解释、社会学解释等方法就会在案件决定过程中发挥其作用。

1. 目的解释

（1）目的解释的认知。目的解释，作为一种法律解释方法，其核心在于根据法律的目的对法律规范进行阐释。这种方法中的"目的"涵盖了两方面：一是事物的内在规律，二是法律所追求的价值。因此，在运用目的解释时，我们实际上是根据这些规律和价值对案件和法律规范进行解读。对于那些重视目的解释的法律思维主体而言，法律规范并非仅仅局限于立法者所制定的法律文本，而是基于对案件所涉事物的规律以及平等思想的考量而作出的评价。由于目的解释更多地关注法律的未来发展和适用，它相较于文义解释而言，具有更大的灵活性和适应性，能够更好地与个案相结合。从历史角度看，在一个相对稳定的政体中，目的解释是推动法律不断发展的重要动力。

目的解释不仅可以将法律的概括性条款具体化、明确化，从而推翻不公正的旧有判决，实现法律的正义，还能够克服严格法治可能带来的弊端，并展现出其创生能力。然而，正因为目的解释的目的往往取决于法律思维主体对具体情境的评价和判断，它带有一定的主观性，因此其解释结果有时可能具有一定的不确定性。

第三章 法律思维的模式、方法及立场

在形式主义法律思维方式下,目的解释通常被视为一种辅助或补充性的解释方法,用以弥补文义解释和体系解释的不足。在运用目的解释时,必须对其所依据的法律目的进行充分的论证。然而,在实质主义法律思维主体看来,目的解释是实现法律目的的最佳和最有效的解释方法。他们更加强调案件的个别性和规范适用的特殊性,认为疑难案件是常态,而简单案件则是例外。

综合来看,目的解释在法律实践中扮演着重要角色,它既能增强法律的灵活性,又能促进法律的发展。然而,由于其主观性和不确定性,在运用时需要谨慎,并结合具体情境进行充分的论证。

(2)目的解释与法律思维。目的解释作为法律思维的重要组成部分,实质上是目的性思维在法律领域的具体运用。这种思维方式对于人类理解世界、规划未来具有不可或缺的作用。在法律领域,对法律规范意义的理解和把握,往往是通过深入探究其背后的目的来实现的。因此,将法律规范目的的考虑融入法律解释过程,成为我们把握法律意义的关键方式。目的解释不仅是法律思维的工具,更是其重要的应用方式。它引导着法律思维的方向,只有在明确了法律规范的目的后,法律思维才能得以有效展开。

法律规范的目的并非单纯通过解释法律规范本身就能轻易确认的。它更多的是一种情境思维的产物,需要思维主体在具体的问题或案件中去探寻和解读。实践中,我们常有这样的体会:在不结合具体案件的情况下,法律规范的含义看似明确;但一旦将其置于实际情境中,其意义往往变得模糊或不确定。这表明,只有将法律规范置于具体情境下,我们才能真正揭示其背后的目的,并使其释放出应有的意义。

为了探知法律规范的确切含义,需要深入挖掘其背后的理由,这些理由往往涉及道德、政策和习惯等多种因素。从这个角度来看,目的解释方法的运用无疑体现了思维主体的实质主义倾向。在确定法律规范目的的过程中,尽管法律对思维主体有一定的约束,主体不能完全凭借个人经验和主观感受来确定,但仍需发挥其能动作用,形塑规范目的。

不同的思维主体,由于他们既有的思维结构不同,会得出不同的思维结果。这种对法律规范目的的情境解读,虽然在一定程度上可能对法律的确定性构成挑战,但它同时也促进了主体的创造性思维,使得原本被文义解释、体系解释和历史解释方法所束缚的规范意义得以松动,进而推动了法律的发展。这种情境式思维也表明,在法律适用过程中,主体并非被动地接受法律的指令,而是积极地发挥其能动作用。这反映了法律及其解释工具性的一面,即它们只是人类追求正义生活的手段。最终,法律规范的意义和发展方向都依赖于主体的决断,但这种决断必须在法律规范的文义约束下进行,方能称其为法律思维。

2. 社会学解释

(1) 社会学解释的意义。社会学解释的方法作为法律解释的工具,其主要是指在对法律进行解释时,除了考虑法律的文义、体系、历史以及目的之外,还应当对各种解释结果进行社会学的考量,只有那种能够照顾到社会目的,符合社会情势的解释才能作为最后的解释结果。

检验法律的手段是经验,法律应被看作是动态的、功能性的、相对性的和实验性的存在。社会学解释方法由于更多地考虑到法律实施的社会效果,因此在实现法律因应社会的功能方面有着积极意义:

首先,社会学解释方法能够避免严格法治下由于法律的僵化而带来的弊端。也就是说,社会学解释能够更好地根据社会的发展和变迁而赋予法律规范新的含义,从而使之能以更加灵活的方式适应社会发展。而且,这种方法能够在不改变法律条文的情况下,促进法律的成长和发展。

其次,社会学解释方法的应用,能够在一定程度上弥合法治和民主之间的矛盾。法治和民主之间存在着紧张关系,法治要求法律人依照规则进行治理,然而规则是什么更大程度上是法律人的言说,因此法治在某种意义上表现为法官权力的独断。而社会学解释的方法将社情民意和公共舆论纳入法律解释考量的范围,从而体现出法官对民主的关注和重视,进而也会使判决更加具有可接受性,实现法律效果和社会效果的双丰收。

(2) 社会学解释与法律思维。在社会学解释方法的应用中,思维主体更倾向于考虑案件处理结果对社会生活的影响,并根据这种影响来选择解释结果。在选择过程中，法律目的和社会目的都是思维主体需要考虑的方面，对不同目的下的法律规范解释结果进行权衡成为思维主体最重要的任务。因此，衡量性成为社会学解释方法在法律思维应用中的主要特征。社会学解释方法实际上是思维主体根据社会发展状况和可欲的社会目标，在法律规范的不同解释结果对社会造成的不同后果之间进行权衡。这种权衡性思维并非思维主体的常规作业，只有当规范的平义理解与社会发展状况发生冲突，或与时代社情民意和公共舆论相悖时，对不同社会后果的权衡才成为规范理解的关键工作。实际上，后果权衡可以简化为利益权衡，即在法律利益与社会利益之间的取舍。通常情况下，法律利益与社会利益是一致的，法律的目的在于反映和实现社会利益；但在某些情况下，法律利益与社会利益会产生冲突，这时赋予社会利益更大权重就成为对法律规范进行社会学解释的理由。

另外，社会利益作为整体利益，其内部也可细化为各种利益，不同利益之间也会有冲突、抵牾的可能。因此，对各种利益的权衡也成为影响规范解释结果的重要因素。尤其在宪法领域中，对各种利益权重的考虑更是构成了宪法规范解释的因素。

法律规范的社会学解释方法充分地考虑到了法律与社会的沟通关系，强调了法律向社会的开放性。但是，其作为一种衡量性思维，思维主体为主观判断的余地就会很大。由此，可能就会突破法律思维的界限。所以，如何约束思维主体始终在法律思维的界域内从事这项工作就成为法律人不能回避的问题。虽然衡量性思维意味着思维主体的自由裁量，但是作为解释方法，其应当在法律规范的可能文义内做出抉择。而且在处理相互冲突的规范的解释时，"法益衡量"并非单纯的法感，不是一种无法作合理掌握的过程，在某种程度上其仍须遵守若干可具体指称的原则，在此程度上，它也是可审查的。因此，思维主体虽然能够为自由裁量，但是其仍然在法律可审查的范围内。即使是将社情民意和公共舆论纳入到案件决定的理由之中，也应当将这些理由建立在法律规范的解释及对该解释结果充分论证的基础之上。

二、法律思维的论证方法

（一）法律论证在法律思维中的必要性

1. 法律思维中的价值判断

法律论证在法律思维中占据着不可或缺的地位，其重要性源于法律思维的复杂性和多元性。在法律思维过程中，价值判断是一个核心环节，而法律论证则是支撑这些价值判断的重要依据。

首先，法律思维是对法律现象和法律问题的理性分析与判断，其中涉及众多的价值冲突和选择。在面对复杂的法律问题时，律师、法官等法律从业者需要依据法律原则、法律规范和案件事实，进行深入的思考和权衡。这一过程中，价值判断起着至关重要的作用，它决定了法律从业者如何理解和解释法律问题，以及如何作出符合法律精神和社会正义的决策。

价值判断并非主观臆断，而是需要经过充分的法律论证来支撑和证明。法律论证是一种严谨的逻辑推理过程，它要求法律从业者通过引用法律条文、分析案例、阐述法律原则等方式，为自己的价值判断提供充分的理由和依据。这种论证过程不仅有助于增强法律决策的合理性和正当性，还能够提升法律从业者的专业素养和公信力。

其次，法律论证有助于化解法律思维中的价值冲突。在法律实践中，不同的法律主体往往持有不同的价值观念和利益诉求，这可能导致法律决策过程中的价值冲突。通过法律论证，法律从业者可以更加深入地探讨和比较不同的价值观念和利益诉求，寻找它们之间的平衡点，从而作出更加公正、合理的法律决策。

此外，法律论证还能够促进法律思维的创新和发展。在法律实践中，新的问题和挑战不断涌现，这要求法律从业者不断更新自己的法律知识和价值观念，以应对这些新的挑战。通过法律论证，法律从业者可以不断反思和修正自己的价值判断，推动法律思维的进步和发展。

在未来的法律发展中，随着社会的不断进步和法律体系的不断完善，法律论证的重要性将愈发凸显。作为法律从业者，我们应当不断学习和掌握新的法律知识和论证技巧，以应对日益复杂的法律问题和社会挑战。同时，我们也应当积极倡导和推广法律论证的理念和方法，推动整个法律行业的进步和发展。

总之，法律论证是法律思维中不可或缺的一部分，它对于保障法律决策的合理性、正当性和公正性具有至关重要的作用。我们应当充分认识到其重要性，并在实践中加以运用和完善。

2. 法律思维的理性向度

法律论证在法律思维中的必要性体现在多个层面，其中，法律思维的理性向度尤为关键。理性是法律思维的核心特质，它要求法律人在处理法律问题时必须遵循逻辑规则，以事实为依据，以法律为准绳，进行客观、公正的分析和判断。而法律论证则是实现法律思维理性的重要手段。

首先，法律思维的理性向度要求在面对法律问题时，必须保持冷静、客观的态度，不被个人情感或偏见所左右。这就需要我们通过法律论证，对案件事实进行深入剖析，对法律条文进行精确解读，对法律原则进行细致阐释。只有通过充分的论证，我们才能确保自己的判断基于事实、符合法律，从而避免主观臆断和错误决策。

其次，法律思维的理性向度强调法律判断的可预测性和稳定性。法律论证通过逻辑推理和案例分析，建立起一套相对稳定的法律解释和适用规则，使得相同或类似的案件能够得到一致的处理结果。这种可预测性和稳定性不仅有助于维护法律的权威性和公信力，也有助于增强公众对法律的信任和遵守。

此外，法律思维的理性向度还体现在对法律价值的追求和实现上。法律不仅是一套规则体系，更是一种价值追求。通过法律论证，我们可以深入探讨法律背后的价值理念，如公平、正义、自由等，并努力将这些价值理念融入具体的法律判断中。这样，我们的法律判断不仅能够解决实际问题，还能够体现社会的价值追求和道德标准。

法律思维的理性向度并不意味着机械地适用法律条文或盲目地遵循先例。相反，它要求我们在尊重法律的基础上，充分发挥自己的主观能动性，根据具体案件的实际情况进行灵活的法律解释和适用。这种灵活性和创造性正是法律论证的精髓所在，它使得法律思维能够在保持理性的同时，也能够适应社会的变化和发展。

3. 法律思维的民主向度

法律思维的民主向度是指在法律实践中，民主原则和价值观对法律思维方式和决策过程的影响。在现代社会，民主被视为一种基本的政治制度和价值观念，其核心理念是人民主权和平等参与。法律作为维护社会秩序和保障公民权利的重要工具，其思维方式和决策过程应当充分体现民主原则，以确保公正、公平和公开的结果。

首先，法律思维的民主向度体现在法律制定过程中。在民主社会中，法律的制定应当充分反映民意和公众需求。立法机关在制定法律时，需要广泛征求社会各界的意见和建议，通过公开透明的程序，让民众参与到立法过程中来。这种参与可以是直接的，如通过公民投票、公众听证会等形式，也可以是间接的，如通过选举代表、参与议会辩论等方式。通过民主参与，法律制定过程更加贴近民意，法律的内容更加符合社会的实际需要，从而增强法律的合法性和权威性。

其次，法律思维的民主向度体现在法律实施过程中。在民主社会中，法律的实施应当公正、公平和公开。司法机关在审理案件时，需要充分尊重当事人的权利和利益，通过公正的审判程序，保障当事人的合法权益。同时，司法机关应当依法独立行使职权，不受任何外部干扰和影响，确保司法公正。此外，法律实施过程中的民主向度还体现在对法律的监督和评价上。公众和媒体可以通过舆论监督、司法审查等方式，对法律实施过程中的问题和不足进行批评和指正，推动法律的完善和进步。

最后，法律思维的民主向度体现在法律教育和研究中。在民主社会中，法律教育和研究应当注重培养公民的法律意识和法治观念，提高公民的法律素质和参与能力。法律教育和研究应当注重理论与实践相结合，通过模拟法庭、法律诊所等形式，让学生和研究者参与到法律实践中来，增强法律的实际操作能力。同时，法律教育和研究应当注重跨学科交流与合作，吸收其他学科的理论和方法，推动法律学科的创新发展。

总之，法律思维的民主向度是法律实践的重要组成部分，其体现了民主原则和价值观在法律领域的应用和体现。法律思维的民主向度不仅有助于提高法律的合法性和权威性，也有助于推动法律的完善和进步，促进社会的和谐与稳定。因此，在法律实践中，我们应当充分认识和重视法律思维的民主向度，努力推动法律与民主的有机结合，为实现法治社会的目标做出积极贡献。

（二）法律论证的理论——类观点

法律论证作为法学研究的一个重要领域，其理论体系涵盖了多种观点和理论。其中，修辞学的法律论证作为一种类观点，在法学实践中具有广泛的应用和深远的影响。本文旨在详细阐述修辞学法律论证的主要理论，并分析其在法律实践中的具体应用和意义。

修辞学，作为一门研究有效沟通与说服的学科，其核心理念在于通过精心构建的语言表达和论证方式，使听众产生认同感并接受论证者的观点。在法律论证中，修辞学被广泛应用于法律文本的解读、法律意见的阐述以及法庭辩论等多个环节。修辞学法律论证强调通过逻辑严密、条理清晰的论证过程，使法律受众能够理解和接受法律结论，从而达到法律适用的合理性和正当性。

修辞学法律论证的核心要素包括论证的前提、论证的方法和论证的结论。在前提方面，修辞学法律论证强调对法律条文、案例和相关法律理论的深入分析和理解，以便为论证提供坚实的基础。在方法上，修辞学法律论证注重运用逻辑推理、类比推理、归纳推理等多种论证技巧，使论证过程更加严谨和有力。在结论上，修辞学法律论证旨在通过论证得出合理、正当的法律结论，为法律实践提供指导。

此外，修辞学法律论证还强调论证者的素质和能力。一个优秀的法律论证者需要具备扎实的法律基础知识、敏锐的洞察力和良好的语言表达能力。他们需要能够准确把握法律问题的本质，运用修辞学原理构建有力的论证体系，并通过清晰、生动的语言表达使受众产生认同感。

在实践中，修辞学法律论证的应用广泛且重要。在法律文本的解读中，修辞学法律论证有助于我们深入理解法律条文的含义和立法者的意图，为法律适用提供准确依据。在法律意见的阐述中，修辞学法律论证能够使我们的观点更加清晰、有力，提高说服力。在法庭辩论中，修辞学法律论证更是不可或缺的工具，它能够帮助律师和法官在激烈的辩论中占据优势，使法律结论更加合理、公正。

第三节 法律思维的能动立场与克制立场

"所谓法律思维，通俗地说就是以法律的角度和逻辑观察、分析和解决问题的思维方式。"① 人类行为存在着或者能动或者保守的行为倾向，这种倾向是由主体的性格、社会角色以及社会情势所决定的。如果主体在行为时比较积极、进取、主动，试图用自己的意志影响他人，那么就认为该主体带有能动主义的倾向；如果主体在行为时比较消极、保守、被动，无意用自己的意志影响他人，那么就认为该主体带有克制主义的倾向。

在司法实践中，当司法主体在处理法律问题时，也会面临能动或者保守的立场选择。在法律事务的解决方面，法律人对能动或者保守的取舍和选择形成了司法能动主义和司法克制主义两大司法哲学观。二者之间的较量和平衡构成了西方社会法律理论的发展史。在法律人思维的过程中，法律人无法摆脱对司法能动主义或者司法克制主义的立场选择，这种选择决定了法律人的思维进路和采用的法律方法。

一、法律思维的能动立场

能动主义的法律思维主要体现为司法能动主义，其是指在司法实践中，司法主体表现出积极、主动和创造的姿态。具体来讲，就是司法主体在解释宪法的过程中，不受制宪者立法意图的限制，倾向于更少强调必须遵循先

---

① 侯现锋. 关于检察官法律思维的几点思考［J］. 中国军转民，2023（21）：104.

例；为获得重要而且必须的司法判决倾向于减少程序上的障碍；对政府其他部门表现出更多的怀疑和不顺从；喜欢做出更为广泛的裁定，给出更为广泛的意见；主张一种广泛的司法救济权。

司法能动主义可以从两个角度来理解：一是从司法机关与政治机关的关系来理解，二是从司法机关自身的工作姿态来理解。从两种角度理解，司法能动主义主要表现为在对待政治问题的态度上，法官倾向于通过对政治部门行为的审查，对宪法进行创造和补充解释以左右社会的发展方向。从后一种角度来理解的司法能动主义，实际上就是指法官在案件审理的过程中更多地发挥创造性，进而使法律更加适应社会的发展。当然，这两个角度并没有很大的差异，区别仅仅是法律发挥作用的领域有所不同。

宪法作为国家法律体系金字塔的塔尖，具有最高的法律效力。所有的行为（不仅包括公法行为，而且包括私法行为）都应当遵从宪法的规定。而对此的判断权则属于法院。也就是说法院拥有对宪法规定的含义的最终确认权。在现代社会中，法院本身就是整个政治架构中的一部分，而宪法的内容又常涉及权力的分配，这使得很多政治问题不可避免地被作为法律问题提交法院。尽管有司法权需要回避政治问题的传统，因为法院被认为是中立、超然的社会机构，如果其涉入政治问题，就是使其陷入政治纷争当中从而无法再保持其应有的品质。但是，政治问题与法律问题的分界却是十分模糊，法院往往在确定"可司法性"案件方面有话语权。

司法能动主义除了在司法与政治的关系问题上倾向于运用司法手段解决政治问题从而显示并确立司法机关在整个社会中的地位外，还更多地在一些涉及经济领域、个人权利、社会自治等案件中通过对抽象性法律的司法审查或者对宪法的创造性解释来干预和调处社会问题，在实现正义和增进社会福祉方面发挥法院的政策导向作用，引领整个社会的发展趋势。

就司法机关自身的工作姿态来理解，司法能动主义更多地表现为在适用法律解决案件的过程中更注重个体能动性和创造性的发挥，通过对法律规范进行目的解释、价值衡量以及在法律的空隙中进行的法律续造，努力实现案件的实质正义。

法院的职能涉及对法律原则的持续阐述和更新，以确保其与道德习俗保持一致。这种司法性质的立法活动，由法官自行承担风险，被称为司法立法。尽管存在风险，但正是这种立法的必要性和责任，为司法职位赋予了极大的荣誉。任何勇敢和诚实的法官都不会回避这一责任，也不会畏惧相应的风险。为了履行法官的职责，这种权力不宜置于其他机构。因此，司法的性质被视为具有创造性，法官制定法律不仅被认为是合理和正当的，而且逐渐成为法官日常工作的组成部分，同时也是法官有效执行职责和获得司法荣誉的关键手段。

　　司法能动主义的理论根源是实用主义哲学，这一哲学思想在20世纪美国成为主流，其核心在于实际经验的重要性，以及信仰和观念的真实性取决于它们的实际成效。实用主义通过将对目的的适用性作为真实性的标准和依据，对司法思想产生了深远的影响。在实用主义的影响下，某些国家的司法体系倾向于采取能动主义的立场，允许司法机关在判决中不仅不受限于对司法判例的严格遵循，而且可以在判决中融入法官对公共政策的个人看法以及其他相关因素，以此保护和扩展可能与先例或立法意图不一致的个人权利。

　　在司法能动主义的框架内，法官的职责是审理案件而非回避，他们应充分利用自己的权力，特别是通过促进平等和个人自由的手段来增进公平，即维护人的尊严。法院作为社会正义的守护者，法官的任务不仅是解决争端，还包括通过解决争端为未来类似案件建立一般性规则，为社会正义设定普遍标准，并在社会发展和变革过程中发挥司法权力的作用。因此，司法能动主义者倾向于坚持实质主义的法律思维路径，采用类型化的思维模式和创造性的法律解释方法，以实现社会所追求的目标。

　　司法能动主义是作为对西方传统形式主义法律理论的批判而兴起的。它指出，形式主义法律理论在司法实践中限制了法官的主动性和创造性，导致法官的思维变得刻板和僵化。随着时代的变迁对现有法律的冲击，一种新的法学理论趋势应运而生，这种趋势强调重述法律史，推动法律创新，并从社会事实和社会生活中汲取法律创新和发展的要素。这种理论潮流主张法官在司法过程中发挥主动性和创造性，要求法官形成一种灵活且具有弹性的法律思维方法，以追求个案的实质正义。随后，作为一种对保守立场的反应，能动主义的思维方式开始在司法实践中得到应用。

司法能动主义者主张，成文法仅构成法律的正式来源，同时承认习惯、政策、事物的本质等非正式来源。正式的法律来源无法全面涵盖司法活动的所有领域，因此，在成文法未涉及的领域，法官需展现其创造性和主动性，识别案件涉及的利益并评估这些利益的相对重要性，在正义的天平上进行权衡，以确保根据社会标准确定最重要利益的优先顺序，并最终实现最理想的平衡。法律的本质不仅限于书面文字，而是通过法官在个案中的宣告得以体现；对法律的解释不应仅限于文字含义或立法者的原意，而应从法律的目的和社会效果出发；法官不仅是法律的机械适用者，更是法律的宣告者，即使是遵守法律，也是法官在创造性地解释之后的行为。在法律价值的取向上，实质正义被视为不可或缺，如果适用现有法律会导致个案不公，法官应超越或摒弃现行法律。法官的经验和价值观对法律未来的发展起着决定性和影响性的作用。因此，可以看出，持有能动立场的法律专业人士信奉的是实质主义的法律思维路径。

二、法律思维的克制立场

（一）法律思维中的司法克制主义

司法克制主义，即在司法过程中，司法主体采取一种保守和谦逊的态度。司法克制主义可以从两个维度来解读。在法院与政治机构的关系方面，司法克制主义体现为法官倾向于避免介入政治问题，在涉及政治机构的案件中，法官更偏向于遵守权力分立的界限，对宪法进行字面或原意的解释，而不单纯基于社会状况和主流道德观念来诠释宪法。在法院内部工作方面，司法克制主义要求法官严肃对待并尊重现行的法律文本、规则和制度，重视法律规范的文义、体系和历史解释方法，并强调形式推理在解决法律案件中的重要作用。

只有将司法克制主义或守法主义视为法律专业人士的意识形态，才能确保尽管存在巨大差异的法律人之间，其共同点超越分歧；也才能使法律人能够在复杂多变的社会环境中梳理和解决各种法律关系。司法克制主义者反对那些基于权宜之计、公共利益或社会福祉的论点，他们对这些概念持怀疑态度。作为其思维习惯的一部分，他们认为这些概念是危险的，并且容易被用作任意行为的外衣。

司法克制主义在西方已经成为一种政治传统或者是一种社会的意识形态，这种政治传统或意识形态又被称作守法主义。这种意识形态或政治传统的具体表现就是尊重制订法的权威，认为制定法是法律的唯一渊源，法律具有客观性、确定性，对法律规则的解释只局限于文义解释，并努力探询立法者的原意；法官应严格受制定法的约束，"服从"制定法是法官的天职，反对法官造法；在法律价值的取向上，认为形式正义优于实质正义，即使在个案应用现有法律导致不正义的情形时，只要立法没有改变，就应当牺牲个案成就法律的权威。

实际上，这种意识形态的秉持者就是形式主义法学的倡导者。在实践中，面对纷繁复杂的社会生活，司法克制主义或守法主义难免会给人以刻板的印象，于是，人们开始松动司法克制主义，反对形式主义的法律理论。但是，即使是在反对形式主义的法律理论阵营强大的美国，司法克制主义仍然是占据主导地位的司法哲学或司法立场。

司法克制主义之所以会成为一些国家主流的意识形态，其原因有以下方面：

1. 社会的政治架构是司法克制主义的政治基础

在一些国家的政治制度设计中，权力应当分属不同的部门，各个部门应各守其职，各司其职，彼此相互牵制和平衡。司法权作为整个政治架构中的一部分，在解释或适用法律时，其职业伦理就是要表达对代议机构颁布的法律的尊重。在典型的权力分立模式下，如果司法机关想要维护现存体制，对宪法表现出尊重，就应当保持克制和保守。这种政治架构为司法克制主义提供了生存和发展的土壤，使其能够成为主流的意识形态。

此外，司法克制主义还强调严格遵循成文法、遵循先例，避免法官造法和恣意行使自由裁量权，从而捍卫法律文本的权威和维护法律的固定性。这种司法理念与权力分立的原则相契合,有助于保持政治权力的平衡和稳定。

2. 司法克制主义是法治的题中应有之义

第一,法治的核心在于法律的统治,这意味着法律本身具有一种内在的保守性。法律旨在维护既存的社会秩序,并通常是对既有社会生活的反映。因此,法律并非首要的社会变革力量,而是更倾向于维护稳定和连续性。这种保守性正是司法克制主义得以立足的重要基础,因为克制主义强调在司法实践中尊重和维护法律文本的权威性和稳定性。

第二,法治要求所有机构、所有行为都应当服从法律。在现代社会,法律往往是以规则的形式颁布的,因此,法律至上实际上就应当是规则至上。在司法实践中,法律人应当表达对规则的尊重和忠诚。表达对规则尊重和忠诚的最主要方法就是法律人保持克制、谦抑的姿态,恪守规则意义的固定性和安定性,而不是用法律外的因素,诸如道德、政策、习俗等改变现有规则,也不是用自己的直觉和道德观来解释规则。

第三,对形式理性的追求,对社会良好秩序的渴望成就了司法克制主义。韦伯总结人类社会的发展史,人类经历了四种形态,即形式和实质非理性时期、实质合理性形式非理性时期、形式合理性实质非理性时期,以及形式合理性和实质合理性时期。现代法治的基础就是强调程序正义、形式合理的法律,而且这样的法律的维护、促进和保障有赖于司法实践中法律人的保守、克制和谦抑的立场。

(二) 司法克制主义的特点

1. 司法权的独立性和被动性

虽然在现实生活中,作为机构的法院或作为个体的法官不免要同其他的政治机构和个体发生千丝万缕的联系,但是,保守主义思维的法律人更强调法院和法官与其他机构和人员的独立性,避免其他机构和人员对其裁判活动的干预和影响,以确保案件的公正审理。而且保守主义思维的法律人严格遵循司法被动性原则,秉持改造社会,实现社会福利的任务应交由立法机关和行政机关的信念,认为司法机关只能够通过适用法律实现矫正正义。

法官不具备立法者那样为社会制定普遍规则的能力。法官不能主动提起诉讼，而只能处理那些适合通过诉讼解决的特定范围内的争议。此外，司法审查中的司法命令本质上是消极的，即命令停止执行某些违宪的行为，而非命令积极采取行动。司法的主动性可能导致其中立性的丧失，进而影响公正性。特别是在处理敏感的社会问题时，如果法院不保持被动和克制的态度，可能会卷入政治争议，并可能引发政治风险。

2. 反对解释和有限创造

克制主义立场的法律专业人士坚信现行的规则足以解决绝大多数社会纠纷，并认为这些规则具有相对明确的含义（尽管绝对的明确性是难以实现的）。案件的处理被视为一个将既存法律加以适用过程。在某些情况下，法律规则在具体案件中的应用可能会展现出意义的复杂性和歧义性。为了维护法律意义的确定性和可预测性，法律人应当审慎地运用法律方法。即通过文义解释、体系解释和历史解释的方式来明确法律的含义，而对于目的解释、社会学解释和法律续造的方法则应有限制地使用，并且在运用这些方法时还需承担相应的论证责任。

3. 注重形式推理在法律思维中的作用

坚持克制主义立场的法律专业人士通常遵循传统的法律推理方法，确信法律规则能够解决大多数法律问题。所谓的裁判过程，就是将法律规范作为大前提，案件事实作为小前提，从而得出结论的过程。尽管在现代解释学的影响下，裁判过程更多地被视为事实与法律规范之间互动和对话的过程，但这一过程最终需要以明确的逻辑形式表达出来。在某些复杂或疑难案件中，选择作为大前提的法律规范可能无法仅依靠形式逻辑来完成，但一旦确定适用的法律规范，案件的解决最终应依赖于形式推理。因此，形式推理在案件解决过程中具有广泛的应用空间。那些轻视甚至否定形式推理，过分强调类比推理和实质推理的观点，实际上是法律虚无主义的表现。

4. 强调形式正义优于实质正义

西方社会在形式正义与实质正义之间选择了形式正义，从而走上了法治的道路。实质正义被视为遥不可及的目标，其标准含糊不清，是一个充满争议且难以达成共识的概念。相比之下，形式正义因其标准的相对明确性而具有实际操作性。通常情况下，形式正义与实质正义是相辅相成的，形式正义的实现即意味着实质正义的实现。然而，两者之间也常常存在冲突。在具体案件中，坚持克制主义立场的法律人士往往会优先保障形式正义，甚至以牺牲实质正义为代价，因为他们认为，缺乏形式正义支持的实质正义可能会导致任意行事。因此，他们对于以实现实质正义为名改变或创造法律的做法持谨慎态度。相反，能动主义立场的法律人士则更倾向于维护个案中的实质正义，他们认为，无法实现个案正义的法律将失去其本质价值。尽管克制主义立场的法律人士对实质正义的缺失感到遗憾，但他们对于法治所需付出的代价有着清醒的认识。

三、我国法律思维的立场选择

在我国法律实践中，法律思维的立场选择是一项至关重要的任务。它涉及法律人如何理解、解释和适用法律，以及如何在复杂的法律环境中做出公正、合理的决策。这一立场选择不仅关乎法律人的专业素养和职业道德，更直接关系到法治社会的构建和司法公正的实现。

必须认识到法律人的主观性因素在法律思维中的存在。法律人作为具有独立思考和判断能力的个体，在处理案件时不可避免地会代入自己的主观意识和价值观。然而，这并不意味着法律思维可以完全主观化或任意化。相反，法律人应当通过专业训练和职业伦理的约束，努力克制自己的主观性，确保法律思维的客观性和公正性。在这一过程中，创造性的发挥扮演着重要的角色。法律思维并非简单的逻辑推理和规则应用，而是一种充满创造性的活动。这种创造性并非随意发挥，而是建立在深厚的法律素养和丰富的实践经验基础之上的。

然而，创造性的发挥并不意味着可以忽视法律思维的形式主义特征。形式主义是法律思维的重要组成部分，它强调法律规则的适用应当遵循严格的逻辑和程序。在我国传统社会以及现代社会中，虽然政治、道德、社会舆论等因素对法律问题的渗透难以避免，但法律人必须坚守法律思维的形式主义立场，确保法律的适用不受外部因素的干扰。

面对我国司法实践中存在的能动主义和实质主义倾向，我们更应强调司法的克制主义和法律思维的形式主义。能动主义强调法官在司法过程中的主动性和创造性，而实质主义则注重法律判决的实质公正。然而，过度的能动主义和实质主义可能导致法官超越法律规则的限制，从而损害法治的权威性和稳定性。因此，我们需要倡导一种克制的法律思维，即法官在行使司法权力时应当保持谨慎和克制，尊重法律规则的权威性和稳定性。

具体而言，法律人应当认真对待规则和程序，克制自己发挥创造性的冲动。在解释和适用法律时，应坚持法律规范的文义解释、体系解释和历史解释相结合的方法，确保法律解释的合理性和准确性。同时，法律人还应认真对待形式逻辑推理，避免主观臆断和情绪化的判断。在做出判决时，应对判决结果进行充分的论证和说明，确保判决的合法性和合理性。

总之，我国法律思维的立场选择应当坚持克制主义和形式主义相结合的原则。只有在这样的原则指导下，法律人才能更好地履行自己的职责和使命，为法治社会的构建和司法公正的实现贡献自己的力量。

第四章 法的价值与人文精神探索

第一节 法的运行、作用与价值

一、法的运行

（一）法的创制

1. 法的创制及其特征

法的创制，又称法的制定，是指国家制定法律的专门活动。在任何阶级社会中，统治阶级都致力于维护符合其利益的社会秩序。为实现这一目标，他们必须将自己的意愿与需求转化为具有普遍约束力的行为规范，并依赖国家的强制力来确保其实施。然而，这种转化并非自然而然的过程，它需要借助拥有特定权力的国家机关，通过一系列精心设计的程序来达成。因此，法的创制便成为统治阶级将自身意志转化为国家意志的核心途径，从而确保社会秩序的稳定与和谐。

在中国，人们通常将法的创制简称为"立法"。与对"法律"的广义和狭义两种理解相对应，"立法"也被赋予广、狭两种含义。广义的立法，泛指有关的国家机关，按照法定的权限和程序制定具有法律效力的各种规范性文件的活动；狭义的立法，则专指国家最高权力机关及其常设机关依照法定职权和程序制定法律这种特定的规范性文件的活动。关于"法的制定"的概念广义的解释：国家机关依照其职权范围通过一定程序制定（包括修改或废止）法律规范的活动。既包括拥有立法权的国家机关的立法活动，也包括被授权的其他国家机关制定从属于法律的规范性法律文件的活动。法的创制（以下或称为"立法"）就是一定的国家机关依照法定的职权和程序，制定、修改和废止法律及其他规范性法律文件的活动。按照这一概念，法的创制应具有以下特点：

（1）法的创制是国家的一项专有活动。立法是国家履行基本职能的主要方式之一，其在本质上是把一定的统治阶级的意志上升为国家意志，以便实现对国家和社会的有效调控，因而只能以国家的名义进行。无论是古代社会的君主立法，还是现代社会中特定的国家机关立法，都是依照职权代表国家行使立法权。除此之外，任何机关、社会组织、团体和个人都不能进行这项活动。

（2）法的创制是一项主体复杂、方式多样的活动。这一点主要表现在现代国家的法的创制中。现代国家由于其社会管理的复杂性，享有不同范围、不同程度立法权的国家机关数量众多，或依法律规定而享有，或因授权而享有，各司其职，相互补充与配合，共同完成国家的立法任务。所谓"创制"法律，其实包含着法的制定、修改、补充、废止以及认可等多种方式，是一个系统化的综合性的法律活动。

（3）法的创制是一种严格依照法定程序进行的活动。在现代社会中，法的创制已经成为一项充满民主化的过程。为了确保法律能够更广泛、更真实地反映和集中民众的意愿，相关国家机关在创制法律时，必须遵循一系列严谨的步骤和方式。这不仅是现代立法复杂性和专门性的内在要求，更是确保立法质量的关键所在。倘若忽视了这些严格的程序，立法可能无法准确地捕捉并表达民众的真实声音，甚至可能因技术性纰漏而引发不必要的纷争。一个完善的立法程序显得尤为重要。它不仅有助于提升立法的整体质量，还能够有效维护法的稳定性、连续性和权威性，进而使法的作用得以更充分地发挥。

（4）法的创制是以一定的客观经济关系为基础的人的主观意志活动，并且受其他社会因素的影响。法是一种意识形态，是国家意志的体现。法的创制则是以特定的方式将这种意志表达出来的一种活动，立法原则的确定、立法权的归属、立法权限的划分以及立法的程序规则等，都是由一定社会的经济基础所决定的。与此同时，法的创制活动不可避免地要受到政治、文化以及历史传统等多种因素的影响。

2. 立法体制

立法体制，是指关于国家立法权限划分以及立法机构设置的制度。任何一个国家的立法体制，都不是纯粹主观意志的产物，而是从该国的历史和现实状况出发，适应国家政治经济发展的需要建立起来的。因此，不同的国家，或者同一国家的不同时期，其立法体制都不尽相同。

具体地说，一个国家的立法体制与该国的国家性质、政权组织形式，乃至国家结构形式都是密不可分的。国家性质决定了国家的立法权属于哪个阶级。政权组织形式决定了立法权由国家机构中的哪些机关行使。国家结构形式则决定着立法权限的具体划分：在单一制国家里，一般采用一元的立法体制，即全国只有一个立法体系，立法权集中在国家最高权力机关。但是有些单一制国家并不是绝对地实行一元立法体制，而是允许地方在一定范围内也享有立法权，如意大利、荷兰、日本等国。联邦制国家往往实行的是二元或多元的立法体制，国内拥有两个或两个以上的立法体系，除联邦最高权力机关有立法权外，联邦各成员的权力机关也有自己的立法权。对于联邦的专有立法权限和联邦与联邦成员并有或共有的立法权限，联邦制国家的宪法中一般都有明确规定。

中国是一个统一的多民族社会主义国家，属于单一制的国家结构形式。其立法权的归属在各国的实际情况中并非如此简单和绝对。各国往往根据自身的具体情况赋予更多的国家机关以立法的权力，或者通过法律规定对国家立法机关的权力予以制约。《中华人民共和国宪法》（以下简称《宪法》）一方面规定全国人民代表大会及其常设机关全国人大常务委员会拥有国家立法权，有权制定法律；另一方面也规定了国务院，省、直辖市的人民代表大会及其常务委员会，民族自治地方的人民代表大会等单位，根据宪法和法律，分别有权制定行政法规、地方性法规和自治法规等。如此种种，形成了立法权力行使上的错综复杂的局面。

现行的立法体制总体上也应属一元的立法体制，但又不是纯粹的一元制，而是吸收了二元立法体制的某些特点，并结合中国的具体情况，实行了党中央集中统一领导下的一元多级体制，充分发挥中央和地方两个方面的积极性，适当分权，授权和允许地方各级权力机关及地方各级行政机关，根据其管辖区域内的实际情况，享有一定范围和程度的立法权。关于立法权限的具体划分，则由《宪法》和《中华人民共和国立法法》（以下简称《立法法》）进行规定。

3. 立法程序

立法程序，是指有关国家机关在制定、修改、废止法律及其他规范性法律文件时必须遵循的法定步骤和方式。立法程序是民主制度的产物，法的创制带有很大的随意性，并不具有规定立法程序的条件。所以，立法程序是随着近现代民主国家的建立和发展而发展起来的。它不是一个简单的形式问题，而是与一个国家的决策过程是否民主、科学有着密切的关系。

世界各国由于法律传统及立法体制的不同，因而在立法程序的具体规则上也有不尽相同之处，但一般都有专门的立法法或立法程序法来做出规定，而且不同层级的法有不同的立法程序。在中国，主要存在两种类型的立法程序，即权力机关的立法程序和行政机关的立法程序。《立法法》的颁布实施，使得中国的立法程序法进一步完善起来。中国有关国家机关制定法律及其他规范性法律文件的程序一般包括以下步骤：

（1）法律议案的提出。法律议案，是指依法享有立法提案权的机关或个人，向立法机关提出的关于制定、修改、废止某项法律的正式建议。法律议案的提出标志着法律创制过程的启动。一旦议案被提出，立法机关就必须对其进行审议，并决定是否将其纳入议事日程。因此，法律议案与普通公民提出的立法建议有显著区别，只有那些根据法律被赋予立法提案权的国家机关或个人才能提出法律议案。

（2）法律草案的审议。审议法律草案，是指立法机关对已经列入议事日程的法律草案正式进行审查和讨论。这个步骤是体现立法民主、保证立法质量的重要环节。《立法法》就全国人民代表大会及其常务委员会对法律草案的审议规定了比较详尽的制度。在法律案的审议过程中，宪法与法律委员会、有关的专门委员会和常委会工作机构采取座谈会、论证会、听证会乃至向全民公布等多种形式，广泛听取各方面的意见，以确保审议质量。

（3）法律草案的表决。法律草案的表决是立法机关对法律草案表示最终的态度。这是立法程序中具有决定意义的一个步骤。表决的结果有两种：①草案获得了法定数目以上的人的赞同，即通过；②没有获得法定数目以上的人的赞同，即不通过。草案一经通过，就成为正式的法律文件。

在中国，宪法的修改由全国人民代表大会以全体代表的三分之二以上的多数通过，法律和其他议案由全国人民代表大会以全体代表的过半数通过。在表决方式上，通常采用无记名投票方式，或者采用举手表决的方式，近年来又增加了一种以电子表决仪进行表决的方式。

（4）法律的公布。法律的公布，是指立法机关以一定的形式将通过的法律正式公开，以便全社会遵照执行。这是立法程序的最后一个步骤，是法律生效的前提。凡是未经公布的法律，都不能发生法律效力。

（二）法律解释

法律解释有广义和狭义的两种理解。广义的法律解释，是指解释者对法律规定含义的理解和说明，即由特定的国家机关、组织或公民个人对法律内容、含义以及所使用的概念、术语定义等所作的理解和必要的说明；狭义的法律解释，是指法官在法律适用中针对具体案件而对法律只规定的含义所作的说明。人们通常从广义上理解法律解释。

1. 法律解释的目标

法律解释的目标，是指法律解释主体通过法律解释要达到一个什么结果。法官在个案中应用法律，要到达依法裁判的结果，因而在司法活动中就要对法律条款进行解析，使立法者所创立的法律融入判决中。所以，许多人认为法律解释的目标应当是探求历史上的立法者。事实上的意思，即根据法律文本或立法者在制定法律时的意图和目的。这就是法律解释的主观说。这种观点的形成是有理由的。

法律解释应当遵循法治原则，这是因为法律条文中清晰表述的含义直接反映了立法者的意图。换句话说，立法者之所以要通过繁复的立法过程来制定法律，目的是利用这一工具向公众传达其意志。因此，对法律的解释应当致力于揭示立法者的原意和目标，确保解释工作回归到立法者的初衷和目的上。

更为关键的是，坚持权力分立和制衡的原则要求尊重法律制定者的本意，因为立法者的意图是法律适用过程中的决定性因素。如果忽视这一点，允许适用法律的人根据自己的观点来解释法律，那么法律可能会遭到滥用，从而导致权力滥用的风险。因此，法律解释必须严格忠于立法者的原意，以维护法治的完整性和公正性。

法律解释的目标的另一种观点是客观说或文本说，法律自颁布时起，就脱离了原有的立法机关成为一个独立的客观存在物，因此具有自身的含义，法律解释的目标就是探求这个内在于法律的意旨。这种观点的形成的理由是，在的立法过程中存在着不同的立法主体，有着不同的观点和主张，因此一个法律条文或一个法律规范本身就是不同立法意志相妥协的产物。因此，探求立法者的单纯的立法意图是不现实的。更为重要的是，法律一旦被制定出来，法就脱离了立法者而成为一种具有自己品质的客观存在。

在一个法治国家，一般情况下，人们所要遵守和追求的是法律文本本身，而不是立法者的意图。在法律的字里行间存在着原意，这种文本原意只能作为法律人思考问题的出发点。所以，解析规范性的法律文本的原意并不是法律解释所要达到的目标，它最多只是达到目标的一种原则，体现了法律对解释者的规范作用。法律解释的目标是要根据法律和事实，在法律方法和价值原则的指导下，针对个案构建裁判规范。

2. 法律解释的意义

法律解释在法律运行中占有重要的地位。它是法律实施的前提，是法律发展的基本途径和重要方法。

（1）法律解释是将法律规范同具体的法律事实和个别行为联系起来的桥梁。法律规范的本质包含抽象性和概括性，这意味着为了为人们的行为提供清晰的标准，必须通过解释来具体化这些规范。在大多数情况下，法律只能对一般性的人或事做出宽泛的规定，而不可能涵盖所有多样化和复杂的社会现象，也无法预测到所有可能发生的事件和行为的各种情境。

社会生活却是具体且多变的，不同的人由于认识差异、地域文化等因素，在应用这些概括性法律规则到具体情境时，可能会有不同的解读，甚至可能出现截然相反的理解。为了确保法律适用的统一性和一致性，法律解释变得至关重要。法律解释的过程，就是将法律规定的抽象概念转化为对特定行为的明确指导。

（2）通过法律解释协调法律的相对稳定性和不断变化的社会生活之间的矛盾。法律具有相对稳定性。法律是对人们的行为模式化的固定行为准则，而法律所调整的社会关系则处于一个不断变化的状态，当法律不能满足社会发展的需要时，可以通过法律解释的手段不断丰富和发展法律的含义，使其尽量跟上时代的步伐。法律解释可以随着社会的变迁对某些行为做出新的调整以回应社会的变革。

（3）通过法律解释弥补法律漏洞。由于种种原因，立法不可能尽善尽美，法律规定当中也不可避免地会有自相矛盾、漏洞、价值冲突等缺陷。当这些问题出现时，通过法律解释来界定各规范的要求，消除矛盾和冲突，使那些用语不确切的规定变得精确，弥补法律上的空白和漏洞，消除法律之间的矛盾和价值冲突。

法律解释也是平衡立法和执法、司法之间关系的一种重要机制。立法者根据社会的需要和一定的立法意图创制出法律，执法者和司法者根据法律解释在不超出立法者意图所能容忍的界限内解决法律实施中的问题。在司法过程中，所有的裁判都始于解释也终于解释，法律规范的确定性内容是法院在裁判中找到的。法律条文是用文字来表述的，立法者在尽可能地使用朴实的、精确的、逻辑清晰的方式诉说着法律。法律的模糊多发生在条文与事实遭遇之际。如果没有法条与事实衔接，条文原本是清晰的。法律解释的目的不仅在于说清法律条文（文本）的意义，更重要的是要解释清楚待处理案件中法律的意义是什么。

3. 法律解释的分类

法律解释由于解释主体和解释的效力不同可以分为正式解释和非正式解释。

（1）正式解释。正式解释有时也称为法定解释、有权解释，是指由特定的国家机关、官员和其他有解释权的人对法律所作出的具有法律上约束力的解释。正式解释根据法律解释的主体地位及其效力来划分，大体有立法解释、行政解释和司法解释三种。

第一，立法解释。是由立法机关对法律条文的内涵进行阐明和界定的过程。在中国，全国人民代表大会常务委员会肩负起对法律进行解释的职责。当法律条文存在意义模糊、不够明确或者可能产生多种解读时，立法解释便应运而生。其主要目的在于确保法律的一致性，并使其在实际应用中得以正确执行。

立法解释的法律效力等同于法律本身，对于法律的贯彻实施及适用具有至关重要的指引作用。通过立法解释，能够消弭法律执行中的疑虑和困惑，保障法律体系的完整性与稳定性，进而有助于维护社会的秩序与公正。立法解释的过程，通常涉及对法律条文的文字表述、立法背景、立法初衷以及法律原则的深入分析与研究，以确保解释结果的精准与权威。

我国宪法规定，全国人大常委会是法定的具有解释权的机关，也被称为立法解释。全国人大常委会负责解释我国整个法律制度的核心部分：宪法和法律。对法律进行立法性解释的权力属于全国人大常委会享有，这里的"法律"，是狭义上的专指全国人大及其常委会制定的规范性法律文件。需要解释的情况有两种：①法律的规定需要进一步明确具体含义的，也就是说法律原来的规定存在不明确或容易引发歧义的；②法律制定后出现新的情况，需要明确适用法律依据的，这实际上是全国人大常委会用替代法律修改的方式及时补救法律的滞后与不足。

按照规定，国务院、中央军事委员会、最高人民法院、最高人民检察院、全国人民代表大会各专门委员会以及省、自治区、直辖市的人民代表大会常务委员会有权向全国人民代表大会常务委员会提出法律解释的请求。一且该请求得到受理，全国人大常委会的相关工作机构将负责研究和草拟法律解释的草案，并将其列入常委会的会议议程。法律解释草案的表决稿需要得到常委会全体组成人员过半数的支持才能通过，一经通过，该法律解释即具有与法律相同的法律效力。

作为专门的立法机关，全国人民代表大会常务委员会在法律解释体系中占据着举足轻重的地位。由于其在对法律的理解上具有最高的权威性，因此其所做出的法律解释具有最高的法律效力，对于确保法律正确、一致地适用具有重要意义。

第二，行政解释。行政解释，是指有权解释法律的行政机关在其职权范围内对具体应用法律问题所进行的解释。在我国行政解释主要包括两种情况：①国务院及其主管行政部门对不属于审判和检察工作中的其他法律如何具体应用的问题所做的解释；②省、自治区、直辖市人民政府主管部门对地方性法规和规章如何具体应用问题所做的解释。应注意的是，该解释的效力仅限于其所管辖区域内。行政解释不包括由行政机关对自己制定的法规、法令的解释，而只限于法律适用的解释。行政机关对自己制定的法规、法令的解释属于立法解释的范围。

第三，司法解释。司法解释，是指国家最高司法机关针对审判和检查工作中具体适用法律、法规的问题进行的解释。这种解释对于指导具体司法工作、保障司法活动的统一起到了关键的作用。"司法解释既是处理法律适用问题与规范法院审判实践的基本方式，也是表达司法权力的重要路径。"[①]在我国最高司法机关是指最高人民法院和最高人民检察院，相应的，我国司法解释分为最高人民法院对审判活动中具体如何应用法律的问题所做的审判解释，最高人民检察院对检查工作中具体如何应用法律的问题所做的检查解释，最高人民法院和最高人民检察院对具体如何应用法律的共同性问题所做的审判、检查共同解释三类。

（2）非正式解释。非正式解释，也称为无权解释，是指未经法律明确授

---

① 张志远. 司法解释法律效力研究：法源理论、运行困境与完善路径［J］. 山东法官培训学院学报，2023，39（02）：165.

权的机关、团体、组织或个人对法律做出的不具有法律约束力的解释。非正式解释通常包括学理解释和任意解释。学理解释，是指学者或其他个人及组织对法律规定作出的学术性和常识性的解释；任意解释，是指在司法活动中的当事人、代理人和公民个人在日常生活中对法律作出的解释。非正式解释不能作为执行法律或适用法律的依据，它仅具有学术意义。这种解释虽然不是具有约束力的解释，但对法律适用、法学教育、法律发展有着重要的影响。

4. 法律解释的方法分类

法律解释理论构成了解释学领域的一个重要分支，它旨在为解释者在进行法律解释时提供达到解释目标所需的方法。这些方法应当建立在一般解释学的基础上，同时考虑到法律解释自身的独特性，从而进行相应的总结和概括。

法律解释的方法可以根据不同的标准划分为多种类型，包括文义解释、历史解释、体系解释和目的解释等。这些方法反映了法律文字和法律理由在解释过程中的作用和地位。

（1）文理解释。文理解释也称为文义解释、语义解释，它是按照法律条文用语的字义、文义及语言的通用使用方法和逻辑规律作出的解释，所以文理解释包括语法解释、字义解释、逻辑解释三种。由于法律是通过语言的形式表达进入人们的理解活动中来的，因此所有的法律解释都是先从语法解释开始的，它是法律解释的开始，也是法律解释的终点。任何对成文法所进行的解释，均须围绕文字的含义本身来进行，而任何脱离文义的举动，已超出解释的范围。

（2）论理解释。论理解释，又称为目的解释，是指斟酌法律理由，从制定法律的目的出发，依据一定的标准进行推理论证来对法律进行的解释。它的特点是不拘于法律条文的文字，带有浓厚的价值判断的色彩。任何法律都有其目的，它往往与立法者意图相关，但又具有独立性。认识法律的目的有两个途径：①在法内寻找，通过对法律的原则，法律的基本内容，其权利义务的分配等相关因素的分析，一般可以窥见该法的基本目的；②在法外寻找，通过对法律产生的原因、时代背景、法律产生的社会功能等方面的分析，也可以找到该法的目的。这里的"目的"，不仅是指原先制定该法律时的立法目的，也可以指该法律在当前条件下所包含的客观目的；它既可以指整部法律的目的，也可以指个别法条、个别制度的目的。

（3）系统解释。系统解释，就是将需要解释的法律条文置于整部法律或整个法律体系中，联系此法律条文与其他法条的关系、此法律条文在所属法律文件中的地位、有关法律规范与法律制度的联系等方面入手，系统全面地分析该法律条文的含义和内容。法律规范是一个有机整体，规范和规范之间，规范和整个法律体系之间都存在着密切的关联。在普通法系国家，有所谓"整体性原则"，即法律应该被作为一个整体来解释，以免出现内部矛盾。在司法上，法官也不是依据某一个或几个法律规范裁判案件，而是依据整个法律体系审判案件体系解释的优点就在于维护整个法律体系的统一，消除规范间的冲突。

（4）历史解释。历史解释，是指通过研究立法时的历史背景资料、立法机关审议情况、审案说明报告及档案资料，来说明法律条文的内容和含义。利用有关资料，确立立法者的意图，并以此为标准对法律的各种解释答案进行选择和取舍，这就是继文义和体系方法之后的历史解释的方法。进行历史解释的目的，主要是探求某一法律概念如何被接受到法律条文中来，某一个条文、制度乃至某一部法律是如何被规定进法律体系中来，立法者是基于哪些价值做出决定的。该解释的优点就在于，深入探求立法者的意图，使现行法律与历史保持了一贯的联系性，也可以由此发现因历史条件的限制而导致的立法缺陷，进而做出弥补。

二、法的作用

（一）法的规范作用

法的规范作用，是指法作为行为规则，直接作用于人的行为所产生的影响。法是由国家制定或认可，并由国家强制力保证实施的行为规则（规范）的总和。因而，法的规范作用是显而易见的。法的规范作用具体表现在以下

方面:

1. 指引方面

指引作用,是指法(主要是法律规范)对人的行为起到导向、引路的作用。其对象是每个人自己的行为。法的指引是一种规范指引,它不同于个别指引。个别指引是通过一个具体的指示就具体的人和情况进行指引,而诉讼法规定的内容告诉当事人该如何应诉,则是一种非个别化的指引,因为诉讼法对于其他任何当事人也是给予同样的、一般的指引。个别指引虽然针对性强、很具体,但完全依赖于个别指引,则存在一些缺点,主要包括:①在时间、精力和经济上会带来浪费,不适应系统化的社会管理需要;②偶然性、个别性因素太大,缺乏统一性;③缺乏确定性、安全感,因而容易导致人们的不稳定心理等。规范指引虽然很抽象,存在针对性弱的一面,但是它能克服个别调整的上述缺点。它具有连续性、稳定性和高效率的优势,是建立社会秩序必不可少的条件和手段。

2. 评价方面

评价作用,是指法律作为一种行为标准和尺度,具有判断、衡量人们的行为的作用。法律在评价人的行为是否有效或合法方面发挥着关键作用,这种评价不仅影响着人们的价值观和判断标准,还指导着人们的行为。例如,当一个人评判他人行为的合法性时,律师评估当事人行为的有效性时,警察处理相对人的违法行为时,以及法官对刑事被告人的被控行为作出判决时,他们都在运用法律进行评价。

虽然法律是评价行为的重要标准,但在实际生活中,道德规范、政治规范、风俗习惯以及社会团体的规章等也在评价人的行为方面发挥作用。然而,法律的评价具有其独特性,它基于法律的客观性、规范性、统一性、普遍性、强制性和综合性来进行,这使得法律的评价与其他评价标准有着显著的不同。

(1)法的评价具有比较突出的客观性和规范性。换言之,什么行为是可做的,什么行为是不可做的,在法律规范中有明确的规定。因此,法对行为的评价大体上说来是不会因人而异的。当然,在利用法律规范对行为评价时，评价者对规范的理解也可能发生细微的有时甚至是重大的差别。不过，由于其他评价标准的客观与规范性都要比法弱得多，所以，这种差别在其他的评价标准中就更为明显和经常。

（2）法的评价标准具有普遍性和国家强制性。在同一个社会里，由于人们的道德观念、政治信仰不同，或者由于接受的风俗和纪律不同，人们对一定行为所做的评价，只有在具有相同标准的那些人中间才是有效的，其具有的强制力也只有在这些人中间发生作用。而对法律规范来说则不同，不论人们的主观愿望如何，不管人们的道德水准、政治信仰、风俗习惯怎样，它对每一个人来说都是有效的，法所拥有的国家强制力对每一个人都将发生作用。如果不想受到法律的制裁，他们的行为必须在客观上与法协调起来。

（3）法的评价标准相对于其他评价标准而言，是国家的一种较低要求，而其他评价的标准，尤其道德评价标准和政治评价标准往往比法的评价标准要求高得多。

3. 预测方面

预测作用，是指人们根据法律规范的规定，可以预先估计相互之间将怎样行为以及他们的行为在法律上将会引起什么样的后果等，从而对自己的行为作出安排。在社会互动中，除非是纯粹的个人行为，人们在与其他人交往时，他们的行为往往会影响到他人的行为，同时他们也可能受到他人行为的影响。在这种错综复杂的相互关系中，如果没有被广泛认可的规则来预测自己行为的后果和进行相应的安排，那么社会秩序可能会陷入混乱。

例如，合同法的存在使得合同双方能够预测：如何签订一个有效的合同；对方在大多数情况下会履行合同；如果对方未能履行合同，一方可以通过司法或仲裁途径要求对方承担履行合同的责任和违约的后果。在这种情况下，合同法律规范为双方提供了一种行为和安排的预测框架，从而为双方建立了一种基于法律的信任和合作基础。

预测作用主要涉及人们相互之间的行为。纯粹的个人行为通常不需要预测，因为这类行为不会对他人产生影响。只有在与他人发生互动时，人们才会预测他人的行为与自己行为的关系，预测自己的行为对他人的影响，以及预测自己和他人的行为的法律后果。

4. 教育方面

法的教育作用表现为，通过把国家或社会对人们行为的基本要求凝结为固定的行为模式（规则、原则等）而向人们灌输占支配地位的意识形态，使之渗透于人们的心中，并借助人们的行为进一步广泛传播。由于法律是人们在日常生活、生产、交往中反复实践的东西，人们可以不知不觉地与法律认同，被法律同化，形成习惯。法的教育作用还表现为通过法律规范的实施而对本人和一般人今后的行为发生影响。例如，对违法行为的制裁不仅对违法者起到处罚、教育作用，而且可以教育其他人：今后谁再做出此类行为也将受到同样的惩罚。又如，对合法行为的鼓励、保护可以对一般人的行为起到示范和促进作用。法的这种特殊教育作用对于提高公民的法律意识、权利意识、义务观念、责任感、遵守法律和纪律的自觉性，是不可缺少的。

5. 强制方面

法的强制作用在于制裁违法行为。通过制裁可以加强法的权威性，保护人们的正当权利，增强人们的安全感。制裁的形式是多种多样的。如刑法中的管制、拘役、有期徒刑、无期徒刑等；民法中的停止侵害、排除妨碍、消除危险、返还原物、赔偿损失、支付违约金、罚款等；行政法中的警告、罚款、拘留、没收财产、停止营业等；宪法中的弹劾、罢免等。

（二）法的社会作用

法的社会作用，是指法作为社会关系的调整器对社会所产生的影响。相较于法律的规范作用，法律的社会作用涉及更为复杂的问题。这是因为规范作用主要关注法律作为一种社会规范的外部影响力，这是一个相对容易被观察和理解的现象。而法律的社会作用则深入到法律的内在本质和目的，这些方面更为隐蔽。尽管如此，法律的社会作用在重要性上超越了其规范作用，因此在研究和分析法律时，应当给予法律的社会作用更多的关注和考察。法的社会作用可以归纳为以下方面：

1. 维护政治统治作用

（1）调整统治阶级与被统治阶级之间关系。安抚手段逐渐成为主要手段。这些手段从实质分析,是统治阶级在被统治阶级反抗下,为了维护自己的长治久安的统治秩序而采取的一种措施或让步,但是,社会进步了,法律更文明了。法的这一变化最终将突破统治阶级"让步"的一厢情愿而带来一个全新的社会结果。

(2) 调整统治阶级内部的关系。在统治阶级内部,对生产资料的共同占有关系确立了阶级利益的根本统一性。然而,由于统治阶级成员在财产拥有量和政治权利方面的显著差异,形成了不同的经济和政治层级,以及由此产生的各种集团。这些集团之间、统治层与非统治层之间,以及统治阶级个别成员与统治者之间的复杂矛盾构成了社会结构的一部分。若这些矛盾加剧且未经调节,可能会破坏社会秩序,并从根本上威胁到统治阶级的统治地位。

因此,统治阶级必须利用法律来界定和确认内部各阶层、各集团成员间的相互关系,明确各自的行为范围。通过建立政治民主和经济财产权利的体系,对内部违法乱纪的成员进行惩处,特别是针对腐败、权力滥用和公然挑战秩序的极端行为。法律的作用在于解决统治阶级内部因政治权力、经济财产等引起的矛盾和冲突,维护统治阶级的稳定和统一。

(3) 调整经济关系,维护统治阶级的经济利益,巩固政治统治的经济基础。经济关系一般来说就是指生产关系,它包括人们在物质资料的生产、交换、分配、消费等方面的关系。经济关系是最基本的社会关系,在任何社会里,它都必须运用一定的手段加以调整,才能使社会生产有秩序地进行,进而推动社会向前发展。当人类进入阶级社会以后,法律则成为调整经济关系的重要的不可缺少的手段。法调整经济关系作用主要表现在以下方面:

第一,法创立、确认和维护有利于统治阶级的经济关系(生产关系)。根据马克思主义的观点,法虽然是生产关系和社会生活的产物,但它又具有相对独立性。其重要表现就在于对自己的经济基础的形成、巩固和发展,有重大的积极创建作用。它一方面废除、变革旧的生产关系;另一方面又重新确立新的生产关系。

第二,干预和组织社会经济文化生活,为各项经济活动提供法律依据。法调整经济关系的作用,极其重要的方面就是通过制定经济法规,规定经济法律关系主体之间的权利、义务；明确企业的组织领导和职责权限；确定国家主管部门、地方管理部门、企业和职工诸方面的法律地位；运用经济司法调整经济活动中产生的社会关系和纠纷。总之，统治阶级总是要运用法律确立和维护国家干预和组织社会经济文化生活的规则，为其进行经济活动提供准绳。

（4）调整国家机关的相互关系。法是国家制定或认可的，法的存在是以国家的存在为前提的，没有国家也就没有法。但是，法又是组成国家政权的章程，没有法，没有一定的法律制度，就不可能组成国家，也无法开展正常的国家职能活动。因此法和国家相互依存，不可分割。法确认国家政权的性质和组织形式，规定国家机构的组织和活动原则，法规定各个国家机关的权限和它们的相互关系，使其各司其职，共同实现国家职能。

2. 社会公共事务作用

社会公共事务涉及的是那些对整个社会有益、能让每个人都从中受益的公共项目和事业。不论是由哪个统治阶级建立的国家，作为社会管理的机构，国家有责任确保社会的安全，并维护人类生存所需的所有自然和社会条件。这些责任包括保护环境、提供公共基础设施、维护公共秩序等，以确保社会的整体福祉和可持续发展。法在执行社会公共事务时，主要在以下方面发挥作用：

（1）维护人类社会基本生活条件。这些基本生活条件大致包括最低限度的社会治安、社会成员的人身安全、食品卫生、环境卫生、生态平衡、交通安全等。现代社会越来越多的公共安全法、食品卫生法、环境保护法、交通法都是为着这种目的而制定的。

（2）维护生产和交换的秩序。其中包括确定生产管理的一般规则、各种交易行为的基本规范、规定基本劳动条件等。这方面的法律是为了减少生产和交换过程中的偶然性和任意性，提高确定性和连续性，增加交易安全，减少交易风险，降低代价或成本。

（3）组织社会化大生产。生产社会化与社会的进步是并行的。在古代社会，典型的社会工程如水利建设和灌溉系统的组织。随着社会生产力的发展和科学技术的广泛应用，生产的社会化水平不断提升。由于资金、技术和劳动力的限制，私人部门无法独立承担水利、能源、交通、宇航和基础设施等对社会经济发展至关重要的工程。因此，国家通过立法手段来规划和执行这些项目，确保社会经济的持续发展。

（4）确定使用设备、执行工艺的技术规程，以及有关产品、劳力、质量要求的标准，以保障生产安全，防止事故，保护消费者的利益。尤其是对易燃、易爆、高空、高压等危险性行业实行严格的法律规定和无过错责任制度，对直接关系人们的健康、安全和生命的消费品制定科学的标准，对它们的生产和销售实行严格的法律监督。

（5）推进教育、科学、文化的发展。教育、科学、文化的发展对于一个社会来说，具有长期稳定的意义，以至于决定着一个民族的生死存亡。所以，自古以来，特别是现代社会，各国都通过立法来保障和推进教育、科学和文化事业，如义务教育法，科技振兴法、专利、商标、著作权等知识产权法。

三、法的价值

（一）法的价值特征

价值是人与物、人与人之间关系中的需求与满足，涉及主体追求的目标、爱好和最终地位。它体现了人们对美好和正确事物的观念，以及人们"应该"做什么而非仅仅"想要"做什么的理念。

法律的价值与一般价值概念相似，既反映了人与法之间的需求与满足的关系，也展现了法作为社会规范在调整社会关系和建立社会秩序方面的作用，从而满足主体的需求。人们通过制定和使用法律，建立了与法律的价值关系，并在法律的应用过程中实现其作用和价值。法律的价值体现在人与法的关系中，作为客体的法对主体人的积极意义，即法律作为客体对人的需求满足和有用性。法的价值具有以下特征：

1. 社会性与阶级性

法的价值既然是以人为主体的价值关系，它就具有社会性和阶级性统一这一特征。法是人类社会出现具有不同利益诉求的阶级后的产物。不同利益立场导致不同的评判标准，不同阶级的人的评判是会不一样的，这就是法的价值的阶级性所在。法不仅维护阶级色彩明显的政治统治秩序，它同时还必须维护人类赖以生存的生活秩序、工作秩序。所有人都希望稳定生活、稳定工作，安居乐业，这是出于人类本性的共同所需。满足人们这一共同需要的是法必须执行社会公共职能，而且只有首先实现了社会公共职能，才能执行其阶级统治功能。在执行社会公共职能方面，所有人对法的价值要求和评判是一致的，这就是法的价值的社会性所在。

2. 主观性与客观性

法的价值既是主观的又是客观的。主观是因为法的价值是以人的需要为基准的，如果人没有法的需要，法的价值就不存在了。客观是因为人的需要从何而来，是从客观世界而来，从客观世界的发展而来。没有客观世界，人的主观是不会产生任何东西的，因此，也不会有任何需要。更不会有对法是否符合需要进行评判。

3. 相对性与绝对性

法的价值不是固定不变的，客观世界在变，人的主观世界也在变。不同时代、社会、阶级、群体而呈现出的对法的不同需要、不同评判就是法的相对性。尽管人们的法的价值观念由于社会、政治、经济地位不同具有差异或对立，但不管是否生活在同一时代、同一社会，作为具有共同特性的人，他们总会有一些共同、深层次的价值追求。法满足这种价值追求，是人类社会得以繁衍生存下来的基础，这也就是法的价值的绝对性。

4. 冲突性

法律的目标是满足人们的需要，即实现价值。这些普遍认为的价值包括正义、秩序、自由、效率和公平等。然而，这些价值并非在同一层面上，它们之间存在层次差异和潜在的冲突。例如，秩序作为法律的重要价值，与自由这一价值存在一定的矛盾。在追求秩序的过程中，可能会限制自由的范围。同样，效率和公平也存在冲突。效率的实现依赖于对经济差别的承认和保护，而经济差别可能会与公平产生冲突。

提出法的价值具有冲突性的目的是更好地解决这些冲突，在价值量上平衡各相关价值的关系，以避免顾此失彼。

（二）法的价值体系

法的价值是在人与法关系中，法作为客体对于人的需要的满足和有用性。法的价值体系是由一组与法的价值有关的内容组成的一个系统，它有以下组成部分：

1. 价值目标

法所追求的价值目标，也就是人通过法想要达到的目的。它是法的价值的核心内容，所以法的价值体系中首先是法的追求目的。

法律所追求的价值目标构成了法律制度所追求的社会目的，体现了法律创制和实施的宗旨。这些价值目标是对理想社会关系的权威性描述，也是对权利义务分配格局的权威性声明。法律的目的价值是多元和多重的。

所谓的多元性意味着，所有可以通过法律上的权利和义务来保护和促进的美好事物都可以被视为法律的目的价值。因此，法律的价值目的呈现出多元的状态。这种多元性与法律调整社会关系的多样性和人们需求的多样性直接相关。

而多重性指的是，法律追求的所有价值目标都是分层次的，它们的重要程度不同。在追求这些价值目标的过程中，如果无法同时实现，法律会优先考虑重要程度更高的目标。例如，在保护生命和保护财产之间，法律会优先保护生命；在建立秩序和保障自由之间，法律会更注重自由；在促进效率和维护平等之间，法律会更偏重平等。

这种价值目的的多重性使得法律成为一个有序的体系，最终目的是保护人的最大利益，这是法律追求的最高价值目标。

2. 价值标准

法有了追求目的后，对人们的各种行为是否符合法追求的目的，是否有利于法的价值的实现就有了评判的标准，这时法所提供的价值标准成为法的价值体系中的第二项内容。

法为实现所要追求的价值目标，自身具有一整套具体的规定，来指导人们的行为。这时法成为评判人们的行为是否符合法的规定,是否能够实现法的价值目标的评判标准。人们的合法行为,符合法律规定,能够实现法的价值目标,这时人的行为从法的角度看,就是好的,有正面意义的,有价值的;反之违法行为,破坏法律规定,阻碍法的价值目标实现,是坏的,是反面意义的,是负价值的。法所提供的价值评判标准和法的规范作用中的评判作用意思基本一致。

3. 价值需要

为了最终使法追求的目的和人所追求的目的相一致,对法本身也需要进行价值评判。对法的评判从有了法以后就从来没有停止过。法被评判的价值需要是法的价值体系中的第三项内容。对法的价值评判主要从以下方面进行:

(1) 内容层面,良法的评判,即法的内容是否真正符合人所要追求的目的,如自由、民主、平等、效率、秩序、公正等。具有这样内容的法,对它的价值评判就是肯定的,就可以说它是"良法"。

(2) 技术层面,有无可操作性,即是法的形式价值评判。在法的多种形式价值中,有四种特别重要,这就是法的权威性、普遍性、统一性和完备性。权威性,是指任何个人或团体都必须无条件服从法律的支配,法律的尊严神圣不可侵犯;普遍性,是指的是不因人设法、因人施法,用一般性的规则来调控所有人的同类行为;统一性,是指的是保持法律制度本身的和谐一致,消除矛盾和混乱;完备性,是指的是实现有法可依,在应由法律加以调整的行为领域消除法律空白和漏洞。对于实现法的目的价值而言,形式价值具有不可缺少的重要性,因为这些形式是目的实现的保证。

(3) 实施层面,真实与虚伪的评判,即具有良好追求目标的法,在现实中是否真正被实施,是否起到了真正的作用。法的制定和法的实施是两个问题。一套从内容到形式,从实体到程序制定得非常完备的法,不一定就肯定能在社会现实得到切实有效的实现。政治上、经济上、文化上和习惯上的原因和条件都影响、制约法的实现。一个法律制度仅在内容和形式上获得肯定的价值评判还是不够的,只有进一步在实施上得到"真实"的评判才是完美的，才是法被肯定的最高价值境界。

第二节 法的实质与形式正义

"随着法治思想不断进步，渐渐地重视法律程序，学界对遵循程序问题的讨论，促使形式正义优先论应运而生，学者们讨论形式正义的重要性和普适性问题，并且指出实质正义可能导致权力滥用，为形式正义的优先性提供理论依据。理想中的法律，无论是在立法、执法还是司法领域的适用过程中，都在致力于形式正义与实质正义的双重实现。"[①]

一、法的实质正义

（一）法与秩序

秩序，是指人与人、人与事物之间关系的稳定性，关系发展进程的连续性，人们行为的规则性以及财产和心理的安全性等。秩序包括自然秩序和社会秩序。自然秩序就是自然规律，指一切自然物质的所处位置、结构形式、存在状态和变化模式的稳定、连续及规则，自然秩序是自然形成的，具有完全的客观性；社会秩序，是指人们交往中形成的人与人之间正常关系结构及其在关系中人的活动过程和变化模式的稳定、连续、规则及安全。社会秩序是人类活动的产物，是由人建立的，带有较强的主观性。

秩序是法律的基础价值，法律就是为了建立一定秩序而产生的。法在建立和维护秩序中的作用主要表现在以下方面：

1. 控制冲突，保障社会稳定秩序

冲突是秩序的干扰和破坏因素。在阶级社会中，人们分属于不同的阶级、阶层，其经济地位、政治地位都是不同的，利益追求也是不同的。这种矛盾冲突无时不在，无处不在，有时是非常激烈的。为了避免相互冲突的阶级和社会同归于尽，必须把冲突控制在秩序内。这个秩序就由法来建立，并

---

① 吕玲玉.司法审判中形式正义与实质正义的冲突与平衡［D］.哈尔滨：哈尔滨商业大学，2024：12.

由国家强制力来保证实现。

2. 社会生活秩序

人类的一切活动是在有秩序的社会生活状态下展开的。法对于建立和维护正常社会生活所需要的秩序具有重要作用，主要体现在三个方面：①提供安全保障；②为社会成员规定明确的权利和义务；③用文明程序取代野蛮暴力，以和平的方式解决争端。

3. 社会生产和交换秩序

法的根本社会价值是建立生产和交换秩序，使生产和交换摆脱偶然性和任意性而取得稳定性和连续性。例如，法关于财产权的规定，使财产所有者可以根据自己的意志在法定范围内占有、使用和处分财产，从而为生产和交换创造了最基本的法律保障。法关于自然人或法人权利义务和行为能力的规定，可以避免和消除由于出现不合适的法律关系主体而影响生产和交换正常进行的现象。法关于契约自由及违约责任的规定，不仅创造了自愿交换的条件，促进资源合理流转，而且使商品所有者无后顾之忧地进行经济交往和增加财富的活动。

4. 权力运行秩序

权力指个人、集团或国家贯彻自己的意志和政策，控制、操纵或影响他人行为的能力。权力运行的效应是双重的，它既会对他人和社会带来利益，也可能对他们和社会造成危害。就一般情况来说，无规则无秩序的权力运行对他人或社会造成危害的可能性极大。因此，建立权力运行秩序是极其重要的。在现代社会，法之存在的重要意义就在于通过规定掌握不同权力资源的各个主体的权力界限、权力的配置、权力的结构、权力的关系、权力的组织和协调、权力运行的起点和终点，建立权力运行秩序，使权力运行规则化、制度化。

（二）法与自由

自由，也即个人自由，就是自己做主，自己是自己的主人。所以自由最朴素的含义按照自己的意愿，做自己想做的事，不做自己不愿意做的事。

积极自由和消极自由构成自由的完整含义，两者不能分开。积极自由是消极自由的目的,消极自由是积极自由实现的条件,是人们实现了消极自由后所要追求的真正目标。

自由的主体是个人,人作为一个自然生命体,自由的行为是人的自然状态,追求自由是人的本能。但是,任何事物都有它的边界,人在追求自由过程中受到了自由的边界的限制。这种限制来自三个方面,即自然规律的限制、社会组织的限制和法律规定的限制。

近代资产阶级民主革命带来了人类历史上划时代的权力观革命。民主政治的价值观就是不让任何政府和组织替人民做主,而是让人民自己当家作主,自己管理自己,自己选择自己的生活方式,为此,就必须限制政府的权力,并使政府的权力运作处于人民的有效监督之下,从而保证政府权力不侵害个人的利益和自由。法正是在这样的民主政治观念影响下,并随着民主政权的建立逐渐成为自由的保障,从而使自由成为近代法追求的重要价值。如今世界上许多国家的法以保障个人的生存发展权利和自由为基础和原则,建立起了一种新的制度和秩序。法是行为规则,它通过具体的规定对自由进行保障,这些作用体现在以下方面:

1. 提供选择的条件

提供选择的条件,增加自由选择的范围和有效性。选择的有效性指人们对自己的选择事先能够预知或合理预测。当人们对自己选择的事物能够事先预知或合理测,并在这个基础上根据自己的意志做出选择决定时,自由就实现了。法律是以国家的名义宣布的一般规则。它以明确而肯定的语言规定了在各种预设条件下的行为模式及其法律后果,增加了可预测性,即增加了行为选择的自由度。

2. 为自由意志实现排除障碍

自由意志在转化为主体的外部行为时,会受到两个方面的障碍:①障碍源自主体自身,如心理或生理上的缺陷有时会直接制约限制人们的行动;②障碍来自主体外部,其中包括基于自然的原因而发生的和基于社会的原因而发生的。就法来说,在排除主体自身原因的自由障碍方面是无能为力的,但法对排除主体外部的自由障碍具有积极的作用。尤其最突出的是表现为它能够为自由的实现直接排除社会领域中某些人为的不适当、不公正的障碍或束缚。法虽然不能通过直接命令自然的方式来实现排除妨碍自由实现的自然因素，但法可以通过正确合理利用、改善自然环境的规定，间接地为人们实现最大的自由排除来自自然的障碍。科技法规就是在发挥着这样的作用。

3. 把自由转化为权利

把自由转化为权利，使之成为从事一切对别人没有害处的活动的法律权利。法为自由意志的实现排除人为的外在障碍，而这种排除就是通过把自由转化为法律权利（自由权）实现的。当主体的自由意志得到法律承认时，它就具有合法性，成为国家意志，是国家公民人人得以享受的"普遍的权利"。因此，任何对它的侵犯也都是对国家权威的侵犯，要受到国家强制力的回击。法在把自由确认为权利的同时，也同时确定了各种自由权利的范围。每个人都有自由权利，每个人行使自己的自由权利的边界就是他人的自由权利。

4. 把自由与责任联结

把自由与责任联结，为平等的自由提供保护机制。社会生活中的自由与责任是对立统一的。责任是对自由的制约和限定，又是对自由的保护机制。与自由联结的有两种责任：①作为第一性义务的责任，它要求个人在行使自由权利时对他人负责，对社会负责；②作为第二性义务的责任，即自由主体应当而且必须对自己的出于自由意志和自由选择而妨害他人的自由的违法行为承担法律责任。这种责任的设定对于保障每个人的平等自由，是绝对必要的。将责任与自由联结，使之成为密不可分的选择项。责任并没有取消人们去行使妨害他人自由的行为的能力和自由，而是使这种行为必须付出高昂的利益代价。当责任利益高于妨害他人自由权利所带来的利益时，以实现利益为目的的自由自然不会去选择这种不值得去做的有害行为，主体就会自动放弃这种行为，人们正当的自由权利也就得到了保护。

（三）法于效率

投入与产出之间的比例，或者说产出减去投入后的差就是效率。同样投入，产出越多，效率越高；同样产出，投入越少，效率越高。如果产出减去投入得到的是零或负数，那就是无效率、负效率。效率可能表现为数量的增加，可能表现为速度的加快，也可能既表现为数量的增加又表现为速度的加快。追求效率最大化也是人的本能，它源于人追求利益的本能，人们在日常生活工作中，有意无意地都在追求效率的最大化，以实现最大利益。

法的价值中，效率的意义应侧重于其社会意义。效率的社会意义就是效率高的社会发展快，效率低的社会发展慢。所有的社会都追求高效率，但能否实现则是另一个问题。一个社会的发展效率和这个社会的经济、政治资源配置是否合理具有直接而不可分割的联系。一个经济、政治资源配置合理的社会，效率肯定要比经济、政治资源配置不合理的社会高。人类社会的发展史证明了这一点。

长期以来有这样一种观点，即"效率优先，兼顾公平"，似乎效率和公平是相互矛盾的。要效率就很难公平，要公平就必须牺牲效率，这种观点值得商榷。公平包含两层意思，即公正与平等。公正指的是社会成员间交换的一致性，即付出善，得到善，付出恶，得到恶，且量上也是一致的；平等指社会成员间地位的一致性与相同性，即享受同样的权利，履行同样的义务。从公平和效率的关系来看，一个社会越是公平，其成员的贡献便会与他的所得越是一致，那么每个社会成员的劳动积极性就越高；反之，其劳动积极性便会越低。另外，一个社会如果越公平的话，一个人在损害社会或他人利益时，便会使自己受到同样的伤害；反之，如果一个社会不公平的话，一个人损害社会或他人越多，则自己获利越大。

公平与效率是完全一致的正相关关系，它主要是作用于效率的动力因素，也就是通过调动人的积极性来提高效率的。不能将效率与公平对立起来，事实上"公平是效率的根本保证。"二者是不会发生冲突的。实际上，"效率优先，兼顾公平"观点把公平与绝对平均混淆在一起了。公平中的平等不是绝对平均。每个人享有同样的权利，履行同样的义务，这就是平等，但每个人与生俱来的能力是不一样的，因此他们在享有权利和履行义务后的结果也是不一样的。按照公正原则，应该根据每个人对社会、对他人的不同贡献程度获得相应的回报。绝对平均无法把人的智力、能力平均，它只是强调社会财富分配的平均，它忽视人本身的差异，忽视不同人对社会、对他人的不同的贡献，因此违背人性，是不会产生效率的。公平强调付出与得到的一致，反对绝对平均；强调权利与义务的平等，反对特权。人的积极性由此而来，社会发展效率也由此而来。因此，一个社会越公平，效率就会越高，公平与效率如果有谁"优先"的话，那应该是公平，而"兼顾"问题则是根本不存在的。

法对效率的促进作用体现在以下方面：

1. 创造公平的竞争环境

（1）法确立市场经济制度，使社会经济资源通过市场获得合理配置。市场经济需要规则，需要人们共同遵守的公平规则，而这个规则就是由法律来建立。法律规定所有市场主体都有参与竞争的权利，在竞争中获得利益的权利和侵害他人利益后接受处罚的义务。所有这些规定都应当是平等的，是公正的。

（2）社会政治资源通过民主手段获得合理配置。当法律建立起公正、平等的民主政治制度时，市场经济中的公正、平等才能真正建立，市场经济带动下的社会发展效率才会真正提高。这就是上层建筑对经济基础的促进作用，这也是法律对效率的促进作用。

2. 解决竞争中的矛盾

市场经济的一个特点就是经济主体以独立身份，为追求自身的利益和其他主体建立、变更和消灭各种关系。因为主体都是在追求自身利益，但相互之间又必须建立关系，这样免不了就会产生矛盾、摩擦和纠纷。如果不及时或不合理解决这些矛盾、摩擦和纠纷，势必会影响社会发展的效率的。一套公正合理的法律为经济主体提供了经济行为的模式，提供了解决主体在经济交往中发生的纠纷的标准、途径和方法，从而为迅速合理地解决纠纷提供了必不可少的条件。法律随时、不断地在排除市场经济这架机器在运行中产生的阻塞和故障，为保持和提高社会经济发展效率发挥了重要的作用。

3. 平抑竞争中产生的收入差距

绝对平均肯定不利于效率的提高，但收入差距过大会导致社会成员的失落和绝望,这都会从另一角度破坏社会发展,降低社会发展的效率。从深层次分析,一个社会出现过大的收入差距,本身已经显示出不公平。任何一个国家,由于内容和操作上的限制,一个具体的法律制度要做到公平是很难的。可以通过建立其他法律制度给予弥补,使社会制度在总量上达到公平。例如,完善各种税收制度,通过所得、遗产等税收,削减高收入阶层的收入和财产尖峰;建立各种社会福利制度,如免费接受基本教育、最低工资、医疗保险、退休保险、失业保险、各种损失补偿等制度。这些法律制度可以保证社会成员的基本权利,以补偿低收入社会成员的利益,消除社会不稳定因素,使社会持续高效发展,最终在公平的社会环境下,让全体社会成员共享这种高效发展的成果。

市场经济的效率已经有目共睹,但市场经济是法治经济。没有法律规范、协调的市场经济只会有混乱,而不会有任何效率。这就是法律对效率促进作用的全部意义。

二、法的形式正义

生活在秩序状态下的人们,不管是从事经济活动还是进行其他社会活动,都会表现出一致性、连续性、确定性和可预测性。为了让这些有利于人类发展的行为特点延续下去,法律制度在一定形式上要体现法律正义。这些形式正义需求具体表现为以下五点:

(一) 普遍适用性

法律规则具有普遍适用性,法律规则需要适用于大范围内的社会主体,并且可以限制、调整人们行使各种权益的具体行为。适合用于约束人们普遍行为的规则就是法律认可的或者明令禁止的内容。在法律规则普遍适用性的要求下,法律规则要对身居不同社会基层的社会个体一视同仁,不能区别对待。任何违法行为要根据法律规定酌情判决,对相同的违法行为要平等处理,不能厚此薄彼。

(二) 内容确定性

法律规则的内容确定性突出。法律规则要明确界定人类的各种行为,如行为主体的身份条件、时间、地点、适用法律规则的缘由等。当出现法律规则之外或者不明确的语言表达时,法律对此类问题的处理要公私分明,不能一刀切。法律规则只适用于公法适用的范围,在刑法上表现为"无法明文不为罪",严格约束法律规则在公法领域的施行,同时恰当调整法律规则在公法领域的法律溯及既往的效力。私法则允许事件主体采取个人行为或诚信原则解决问题。

（三）统一性

法律规则系统的统一性要求各种法律规则要协调运行。多个立法机关可能会针对同种事务做出不同的法律规则,这些不同的法律规则由于出发点不同,可能会存在某些不和谐之处。因此,在法律形式主义原则指导下,法律制度要建立完善的效力等级体系。法律效力由高到低,依次是宪法、国家立法机关制定的法律、地方性法律、法规。利用"后法优于前法"原则界定一个机关先后制定的法律法规效力。通过施行法律规则体系的统一性,各项法律、法规可以有序运行。

（四）相对稳定性

法律规则体系具有相对稳定性。法律规则不可能令人们很快熟悉和习惯各种法律法规内容,因此,法律规则必须稳定。只有这样人们才能依照法律规则开展各项活动,随着日积月累,慢慢渗透进人们的意识中,成为各社会阶层人们的共同认知。假如法律朝令夕改,那么人们就无法充分理解法律规则内容,更有不会有充足时间去调控社会关系,建立健全的社会规范系统。

（五）法律具有公开性

法律公开是法律发展历程中的一个重要里程碑,它影响了世界各民族的法制进程。这一变革突破了传统的封建法律束缚,将法律内容以公开透明的方式展示给公众,并要求人们遵守这些法律。

只有公开的法律才能被人们所了解,从而培养人们对法律的认知、理解和运用能力。通过这种方式,人们逐渐适应法律规则,养成依法行事的习惯,从而构建一个优质有序的社会环境。

第三节　法律中的情理关系处理

一、法理与情理的关系

第一，情理是法理产生的土壤，法理是情理的精华提升。情理是一种法的价值取向的具体表现，如民法中的诚实信用原则和公序良俗原则。所以，情理作为土壤滋生出了法理，法理对情理进行了精髓提炼。法理与情理关系并不单一，两者在某些方面是相互统一的关系，而在某些方面又是相互对立的存在，既有差异又相辅相成。

第二，人们普遍存在的心理感知就是所谓的情理。人们是情理的孕育之地，情理则是人们集体情感的集中体现。情理反映了人们内心的行为准则，凝聚了他们的智慧。法理则是法学者对情理进行深入分析、逻辑推理后形成的理论体系。法理具有高度的理性特点，它能够为社会综合利益的实现提供坚实的理论支撑。

第三，人们日常会以情理作为对待周边人与事的标准，而法务人员在裁决违法行为时必须按照法理标准。人们面对日常生活中的种种纠纷，如何分辨是非，人人心中都有一杆秤，与情理不合的就是背德行为，与情理相符的就是正常行为。法学家凭借对情理的研究，创造出符合法理的法律规则。

二、法律与情理的处理

法律法规都是出自国家机关，公民享受的各项权利和应该履行的各项义务是法律法规的主要内容，并由国家强制力提供施行保障。情理来源于人们的日常生活，因此情理主要适用于人们的日常事务。法律是以人们广泛认同的世间情理为参考制定出来的规范。在处理各种违法案件时，司法人员和执法者不能感情用事，必须以对应的法律条款为处理依据，再酌情参考情理，最后做出最终判决。法律与情理在现实执法工作中不可避免地产生矛盾。对此，可从以下方面入手：

（一）制定符合情理的良法

我国的法律，有相当一部分不是在本土文化和传统中自然产生的，它主要是从西方移植过来的。例如改革开放以后，特别是随着我国实行依法治国、建设社会主义法治国家进程的加快，随着世界经济全球化、一体化的发展趋势，国际贸易日益频繁，我国移植或采用了世界贸易组织的一些共同规则，或者说在这方面的法律跟国际直接接轨。此外，在原本并没有传统的基础上形成的一些新的市场经济的法律制度，比如股票、期货、证券等，也可以移植西方的法律制度。但是，与传统社会生活关系较为密切的领域，应该更多地考虑到社会现实，把人伦、亲情、公序良俗等普通民众认可的情理考虑进去。

（二）司法过程中法律与情理的协调

公平和正义的法治环境不仅是人们理想中的追求，也是社会治理的最优选择。法律具有无可争议的权威性，任何社会规范都不能与之相抵触。当情理、道德等规范与法律发生冲突时，法律应被视为首要遵循的原则。现实世界是动态变化的，随着时间的推移，社会关系和环境每时每刻都在发生变化。法律作为一种抽象的理念表达，具有一定的稳定性，其主要历史使命在于规范和调整人类行为。

在司法实践中，司法人员应当灵活运用法律规定，同时考虑法律可能存在的漏洞，并在必要时适当参考情理。国家司法改革的重点在于提升法官的职业素质和专业能力，因为司法人员的专业水平直接关系到国家司法的整体水平。在司法职业化的改革过程中，必须始终牢记司法的民主性和初衷。因此，学历和学位虽然是司法人员综合素质的一部分，但社会经验和责任感同样是不可或缺的组成部分。

如果仅仅重视司法人才的学术培养，而忽视了对社会道德和责任感的培养，那么即使是最专业的司法人员，也可能在司法过程中与普通民众的价值观和是非观产生距离，从而拉大与民众的鸿沟。因此，司法改革需要全面提高司法人员的综合素质，使其能够更好地服务于社会，维护公平正义。

司法人员在裁决案件时，应当一方面遵循法律规定，另一面适当参考情理，注意法律与情理的协调，进行最优裁决。

（三）采用法庭调解方式

法律和情理在民事纠纷事件中经常会产生矛盾。面对这种情况，人们通常会采用调解手段解决纠纷。调解过程既要依据法律法规，又要考虑日常情理，是维护社会和谐、伸张社会正义的一种重要形式。司法人员面对案件时，要保持清醒的法律理性思维，还要懂得人间冷暖；推敲事件因果要用公正的法律逻辑，还要考虑大众的思考习惯；要深刻理解法律的真正内涵，还要能对大众的遭遇感同身受。聆听大众的内心呼声、思考大众的真正需求、反思大众的意见反馈等是司法人员的工作职责。法律的正义需要司法人员维护，也需要大众的普遍认同。司法人员秉承法律制裁各种违法犯罪固然可以维护社会和平与公正，但是大众对法律和司法判决结果的认可更为重要。毕竟法治不单单是司法人员的事业，也是全体社会成员的事业，法治社会的建立离不开社会大众的理解和认可。

第四节　法律人文精神的体现与价值

明确研究课题的主要内容，确定该研究课题所涉及的研究范围，是探索当代法律科学发展受人文精神哪方面影响的首要前提。研究课题项目以外的概念没有研究价值，这就可以很大程度上降低研究消耗，将更多的时间、精力、人力、物力、财力投入到主要研究的课题中。

从古至今，人类各民族的发展历史经过岁月洗礼滋生出了法律科学中的人文精神精髓。"人"始终是论述的核心点，要充分重视人的权益保障。

一、法律科学中人文精神的具体体现

（一）中国传统法文化中的人文精神

中国传统法文化，作为华夏民族数千年文明积淀的瑰宝，蕴含着深厚的人文精神。这种精神不仅体现在对个体权利与义务的关注上，更体现在对社会和谐与道德教化的追求中。在现代法律科学的视野下，这些人文精神仍然

具有不可忽视的学术价值和实践意义，对于理解和实践现代法治具有深远的影响。

1. 明确的伦理属性

中国传统法文化深受儒家思想的影响，将伦理道德视为法律的基石。法律不仅仅是规则的集合，更是道德理念的体现。这种伦理属性强调法律与道德的内在联系，认为法律的制定和执行应当符合社会伦理标准，以此来维护社会秩序和促进人的全面发展。

2. 注重道德教化

在中国传统法文化中，法律不仅是规范行为的工具，也是教化人民的手段。法律的目标之一是通过规则的制定和实施来引导人们向善，培养良好的道德品质。这种注重道德教化的法律观念，强调法律与道德教育的结合，旨在通过法律手段提升整个社会的道德水平。

3. 强调公平正义

公平正义是中国传统法文化的核心价值之一。法律被视为维护社会公平、实现正义的重要手段。在传统法文化中，法律的公正性被视为至高无上，法官和执法者应当公正无私，确保每个人都能在法律面前得到公平对待。

4. 倡导仁爱和谐

中国传统法文化倡导仁爱和谐的人际关系，强调法律应当促进社会的和谐与团结。法律不仅是解决纠纷的工具，也是促进社会成员之间相互理解、尊重和帮助的桥梁。这种法律文化强调在法律实践中应当体现仁爱精神，追求社会整体的和谐稳定。

5. 强调社会责任

在中国传统法文化中，个人不仅是权利的享有者，也是社会责任的承担者。法律要求个人在享受权利的同时，必须承担相应的社会责任和义务。这种强调社会责任的法律观念，体现了对个人与社会关系的重要认识，强调个人行为应当符合社会的整体利益。

(二) 现代法律科学中的人文精神

1. 注重以人为本的思想

法律科学对"人"的特别关注直接体现着"以人为本"的核心思想。现代的以人为本思想虽然与古代人本思想有许多相同之处，但是两者在本质上还是存在差异的，主要表现为以下内容：

(1) 主体不一样。古代的人本理念认为人与神明存在某种关系，人与神明是独立存在的。现代以人为本的思想主要处理人与国家的相互关系，社会个体的合法权益受国家法律保护。

(2) 最终目标不一样。君王是古代人本思想的至高权力拥有者。保障专制统治不受侵害是古代人本思想的根本任务。随着法治思想的不断发展，现代的人本思想始终把人民放在首要位置，将保护人民权益与人格不受损害视为核心任务。

(3) 内涵不一样。古代法文化的人本思想主要是各种诉讼权利。现代以人为本的思想不仅包括各项诉讼内容，还包括保障人的尊严和权益。

2. 保护伦理与道德

现代法律科学中蕴含着伦理与道德，法律也不是至高存在。现代的国家法律将情理纳入其中，如现代法律针对少数民族特有的风俗人情制定了特殊的法律条款。法律保护伦理道德既可以沿袭民族传统理念，也得到了人民的普遍认同。

3. 尊重和保障人民权益

尊重和保障人民权益是现代法治文明的价值观。人民权益涵盖生命权、自由权、财产权等，体现了每个人不可剥夺的尊严和自由。法律通过确立明确的规则和程序，确保人权的实现和保护，防止公权力的滥用和侵犯。此外，法律还为个人提供了维护权利的途径，当人民权益受到侵犯时，人们可以通过法律寻求救济。

在法治社会中，法律不仅是维护秩序的工具，更是保护人权的守护者。因此，应该坚持法律面前人人平等的原则，不断改进和完善法律体系，增强人权保障，使每个人都能在法律的庇护下享有充分的权利和自由。

二、人文精神对法律科学发展的意义

（一）赋予法律科学价值

法律科学将人文精神纳入其体系中，意味着法律的研究与实践将人的尊严、自由和权利放在核心位置。人文精神强调个体的价值和尊重，这为法律科学提供了明确的方向和目标，即将保护与人相关的各项权益作为根本追求。在这样的指导下，法律的目的变得更加清晰和坚定，不再是任意或多变的，而是以维护人的基本权利和社会公正为核心。

人文精神的引入也提升了法学的价值。法律不仅仅是统治的工具或权力的表现，更是社会公正和个体权利的保障。这种转变使得法学从单纯的规则解释和适用，转变为对法律背后伦理、道德和社会价值的深入探讨。法学研究的范围和深度因此得到了极大的扩展，法律科学的价值也得到了提升。

人文精神的内在含义还体现在对法律理论的科学化追求上。它倡导以自然法则和理想法则为基础，这意味着法律应当符合人的本性和社会的自然规律。这种科学导向使得法学研究更加注重实证分析和逻辑推理，从而提高了法学研究的科学性和系统性。法律科学因此具有更高的学术地位和实践指导意义。

（二）提供法学阐释内容

法律思想是一个复杂的概念，它包含了多种理念和法律原则。随着历史的演进，一些法律科学中的思想因为不再适应社会的需求而逐渐被淘汰，失去了其在法律体系中的阐释和应用必要性。例如，某些过时的法律观念或制度，如封建时代的等级制度和奴隶制度，已经在现代法律体系中不复存在。

然而，法律科学思想中的人文精神并没有因为时代的变迁而消失，反而在历史的长河中不断积累和发展，吸收了丰富的历史文人精华。人文精神强调人的尊严、自由和平等，这些核心价值观念在法律科学中始终占据着重要的地位。随着社会的进步和发展，人文精神在法律科学中的应用和体现也不断深化和完善。

通过研究不同法律制度背景下的人文精神，我们可以以人文精神为切入点，深入了解当时的法律内容和体制构成。这种研究方法不仅可以帮助我们理解法律制度的演变过程，还可以揭示法律制度背后的价值观念和社会理念。例如，通过对不同历史时期的法律文献和案例的研究，我们可以了解到人文精神在不同社会背景下的表现形式和影响。

人文精神在法律科学中的持续发展和丰富，为法律阐释带来了新的方向。它促使法律科学研究者从更广阔的视角审视法律现象，关注法律与人的关系，推动法律科学的繁荣发展。同时，人文精神的深入研究也为法律实践提供了指导，帮助法律从业者更好地理解和应用法律，实现社会公正和个体权利的保护。

第五章 行政法的组成要素与诉讼法及其程序

第一节 行政主体与行政行为

一、行政主体

（一）行政主体及其相关概念

1. 行政主体与行为主体

行政主体是在行政法律关系中行使行政职权而针对相对人做出特定行为的一方当事人，但在现实行政过程中，具体做出行为的往往是隶属于行政主体的内部机构或其所属的工作人员；行为主体是指不以自己的名义也不需要自己承担行为的法律后果，但却直接、具体地实施行政行为的组织或个人。此外，在行政委托时，由被委托者以委托者的名义实际行使委托者的行政职权，并由委托者承担法律后果。其中的内部机构与被委托者都是行为主体，而行政机关与委托者是行政主体。

2. 行政主体与行政机关

行政机关的概念有广义与狭义之分：广义上的行政机关就是指行政组织，各级人民政府及其内部的各行政机构；狭义上的行政机关是指依法能够以自己的名义，代表国家对外行使行政职权并独立承担其法律后果的行政组织。

行政主体与行政机关的主要区别如下：

(1) 行政主体是个法学术语，在行政法学理论中使用，而行政机关是个法律术语，在法律规范中可以直接使用。

(2) 行政机关概念的使用范围较为广泛，在行政学、行政法学以及行政法律规范中普遍使用，而行政主体概念一般仅适用于行政法学的论述中。

(3) 行政主体不仅是指行政机关，而且还包括法律、法规授权的组织。

(4) 行政机关只有在具体的行政法律关系中才可能成为行政主体，一般状态下，行政机关仅表明了一种组织状态，只有当行政机关行使或不行使行政职权发生特定的行政法律关系时，行政机关才有可能成为行政主体。此外，行政机关有时也可以以行政相对人的身份出现在行政法律关系当中。

3. 行政主体与行政组织

行政组织包括各种行政机关以及行政机关内部的各种行政机构。其中，只有行政机关才可以在具体行政法律关系中成为行政主体，行政机构在没有得到法律、法规授权的情况下不能成为行政主体。

4. 行政主体与公务员

公务员是指依法履行公职、纳入国家行政编制、由国家财政负担工资福利的工作人员，是依法享有以行政主体名义行使行政权的自然人。而行政主体是一种组织。在现实中，公务员是行政机关的构成人员，以行政机关的名义行使行政机关的职权，并由行政机关承担法律后果。在行政法律关系中，公务员能成为行政主体的组成人员，但公务员并不能成为行政主体本身。

5. 行政主体与行政法主体

行政主体是指在行政法律关系中依法以自己名义实施国家行政管理权并独立承担法律责任的组织，包括国家行政机关以及法律法规授权的组织；行政法主体即行政法律关系主体，是指受行政法调整和支配、在行政法律关系中享有权利和承担义务的组织或个人。可见，行政法主体概念的内涵与外延比行政主体宽泛，行政主体是行政法主体的一部分。

(二) 行政主体的类型划分

1. 按照行政职权的来源

根据行政职权的来源划分为以下类型：

（1）职权性行政主体。职权性行政主体是指依照宪法和组织法的授权，在成立之时就具有行政职权并获得行政主体资格的组织，即具有独立法律地位的国家行政机关。职权性行政主体的行政职权随组织的成立而形成。

（2）授权性行政主体。授权性行政主体是指依据具体的法律、法规、规章授权而行使特定行政职权的组织。与职权性行政主体在成立时的一般性授权不同，授权性行政主体是在特定的行政法律规范中被特别地授予特定行政职权，其范围仅限于授权规范的明文规定。

2. 按照行政职权的范围

根据行政主体的行政职权范围划分为以下类型：

（1）内部性行政主体。内部性行政主体是指具有组织内部的管理权限，对本组织内部进行监督、管理行为的主体。

（2）外部性行政主体。外部性行政主体是指具有对外行使行政管理权限，向相对人做出行政行为的主体，具体包括行政机关与法律、法规授权的组织。

二、行政行为

（一）行政行为的基本特征

1. 权力性

在现实行政过程中，行政机关往往基于行政优越权的发动而做出行政行为，这体现了行政行为的权力性特征。权力性还包含有强制性的意思，做出一定的行政行为后，行政相对人必须服从。在行政活动中，行政机关有时采用非权力性的方式进行行政活动。

2. 单方性

行政行为是作为公权力行使的单方性行为，是由行政主体依据行政职权单方性做出的行为。因此，必须与行政合同相区别。行政合同是指以合同的形式进行的行政活动，与民事合同相同，行政合同也是以合同双方的合意为基础。因此，行政合同是一种双方性行为，虽然具有在法律上拘束相对人的效果，但一般认为基于双方当事人的合意产生法律效力的行政合同不属于行政行为。

3. 外部性

传统行政法学理论以法律关系主体的隶属关系或者行政权力的作用范围为标准，将行政法律关系划分为内部行政法律关系与外部行政法律关系，对两者分别采取不同的合法性要求与救济方式，这源于传统的特别权力关系理论。行政机关对另一行政机关或行政机关隶属工作人员所做出的行为，如果没有直接变动外部组织或个人的权利义务，仅属于内部关系的，则不是行政行为。

（二）行政行为的类型划分

1. 按照是否具有行政主体的意思表示要素

按照是否具有行政主体的意思表示要素为标准，行政行为可分为以下类型：

（1）法律行为性行政行为。以行政主体的意思表示作为构成要素，依据行政主体的意思表示要素而产生法律上的效果。

（2）准法律行为性行政行为。准法律行为性行政行为。不具有意思表示的要素，仅是单纯的意思通知、观念通知或感情表示的行为，不依据意思表示要素而产生法律上的效果，不直接影响相对人的权利义务，因此，不属于法律行为的范畴。

2. 按照以行政主体是否可以做出行政行为

按照以行政主体是否可以做出行政行为为标准，行政行为可以分为以下类型：

（1）依职权行政行为。依职权行政行为是指行政主体依据法律赋予的行政职权，根据自己的判断而主动做出的行政行为。

（2）依申请行政行为。依申请行政行为是指行政主体根据相对人的申请而依法做出的行政行为，如果没有相对人的申请，行政主体就不得主动做出。在依申请行政行为中，行政相对人申请的提出是行政主体做出行政行为的前提。在相对人提出申请后，是否做出行政行为由行政主体决定，因此即使是依申请行政行为，也具有单方性的特征。依申请行政行为对于相对人来说，一般都是受益性行为，在对依申请行政行为提起行政诉讼时，相对人必须对已经提出申请的事实进行举证。

3. 按照行政行为的方式

按照行政行为的方式，可以将行政行为分为以下类型：

(1) 作为性行政行为。作为性行政行为是指行政主体以积极的、直接对相对人发生作用的方式进行的活动，表现为做出一定的行为。

(2) 不作为性行政行为。不作为性行政行为是指行政主体消极维持现有法律状态的行为，表现为不做出一定的行为。

4. 按照行政相对人是否参与决定行政行为

按照行政相对人是否参与决定行政行为为标准，可以将行政行为分为以下类型：

(1) 单方行政行为。单方行政行为是指由行政主体单方面决定，而无须相对人同意即可做出的行政行为。

(2) 双方行政行为。双方行政行为是指必须经行政主体和相对人双方协商一致才能成立的行政行为。

5. 按照法律对行政行为规定的程度

按照法律对行政行为规定的程度，行政行为可分为以下类型：

(1) 羁束行政行为。羁束行政行为是指法律明确规定了行政行为的范围、条件、形式、程度、方法等，行政主体没有自由选择余地，只能严格依照法律规定做出的行政行为。

(2) 裁量行政行为。裁量行政行为是指法律没有明确规定行政行为的范围、条件、形式、程度、方法等，而是由行政主体根据实际情况自行裁量做出的行政行为。从违法的法律后果来看，行政主体违反了羁束性规定就构成了行政违法，相对人可以提起行政诉讼以进行权利救济；行政主体违反裁量性规定即构成行政不当，除滥用职权或显失公正外，司法权不得介入。

(三) 行政行为的成立要件

行政行为的成立是行政行为在法律上的起点。行政行为的成立是指行政主体行使行政职权的意思表示已经确定并对外向相对人表示的形态，即做出

行政行为的状态。行政行为的成立是行政行为存在的逻辑起点,也是行政行为生效的前提。行政行为的成立包含的要件如下:

1. 行政行为的意思

行政主体行使行政职权的意思已经确定,行政行为的内容已经形成,这是行政行为成立的基础上在做出行政行为之前,行为主体必须具有凭借国家行政权力产生、变更或消灭某种行政法律关系的意图,并基于这种意图确定为了追求这一效果的意思,这是行政行为成立的主观要件。行政主体意思的确定必须依据法定程序进行。

2. 行政行为的表示

行政主体做出的行为能够直接或间接导致行政法律关系的产生、变更和消灭,因此,这种行为必须通过一定形式向相对人表示,即向相对人宣示该行政行为的做出。

3. 行政行为的主体

行政行为的主体要件即行政主体,要求做出行政行为的主体必须是享有法定的行政职权的行政机关或法律、法规授权的组织。

4. 行政行为的行为

在确定行政主体的意思之后,必须在客观上形成基于该意思表示而做出的特定行为,即以一定的外部行为方式所表现出来的客观行为,这是行政行为成立的客观要件。

(四) 行政行为的生效情形

行政行为的生效是指行政行为发生形式效力的过程,即行政行为被推定为合法有效,对行政主体和行政相对人都产生一定的法律效力。行政行为的生效表明行政行为产生了行政主体所预期的法律效果。行政行为的生效一般以相对人知晓行政行为的成立为前提。行政行为从成立到生效,一般存在以下情形:

1. 即时生效

行政行为一经做出即产生效力,行政行为的成立与生效同时,即做出行政行为和行政行为开始产生效力的时间一致,由于即时生效的行政行为在做出的同时即生效而不论相对人是否知晓，都不利于对相对人权利的保护。因此，即时生效的适用范围较窄，适用条件也较为严格，一般适用于紧急情况下所做出的需要立即实施的行为。

2. 告知生效

告知生效是指行政行为在告知相对人知晓后生效。告知是指行政主体将行政行为的内容采取公告或宣告等形式，使相对人知悉、了解行政行为内容的程序性行为，行政行为的告知形式可以多样，包括口头、信函、通知、通报、公报、布告等。告知的对象可以是特定相对人，也可以是不特定的多数人。

3. 附款生效

附款生效是指为了限制行政行为的生效而在意思表示的主要内容上附加一定的期限、条件或负担等，只有当所附期限到来、条件满足、负担履行时，行政行为才能发生相应法律效力的生效方式。

4. 受领生效

受领是指行政行为告知相对人后，被相对人所接受、知悉和领会。受领生效是指行政行为须经相对人受领后方能生效。受领即接受、领会，但受领并不意味着必须得到行政相对人的同意，相对人同意与否并不影响行政行为的生效，受领生效的关键并非行政主体的告知行为，而是相对人已经知晓的结果。

（五）行政行为的消灭情形

行政行为自生效之时起，即具有持续的法律效力，直至其所确定的权利义务关系的事项或者相应法律事实的发生而消灭。从行政行为消灭的原因来看，行政行为的消灭可以分为以下情形：

1. 自然消灭

行政行为的自然消灭是指行政行为的法律效力的自然丧失，主要包括以下情形：

（1）内容已实现。内容已实现是行政行为消灭的最普通的形式。行政主体做出行政行为之后，相对人在规定的期限内依法切实履行或者被强制执行了行政行为所确定的作为或不作为义务，行政行为的内容和目的已经充分实现，因此自然消灭。

（2）所附期限届满或解除条件实现。在附款的行政行为中，有关行政行为在附款中规定了行政行为有效期限，针对这种附期限的行政行为，法律往往也规定延续有效期限的措施，在行政行为期限届满之前，如果获得了行政主体的延期认可，则行政行为继续有效。

2. 撤回

行政行为的撤回，又被称为废止，是指行政行为做出之后，行政主体根据事后情况的变化，面向未来解除成立时并无瑕疵的行政行为的行为。

（1）行政行为撤回的适用情形。在特殊情况下，法律有时允许行政主体撤回行政行为。已经实施的行政行为原则上不允许撤回，但在特殊情况下，依据法律的规定，可以进行变更。特殊情况如下：

第一，行政行为所依据的法律、法规、规章发生了改变。行政行为必须依据法律、法规、规章的规定做出，如果在行政行为依法做出之后，作为其所依据的法律、法规、规章被修改或者废止，行政行为就丧失了合法性的基础。此时，法律会做出特别的规定，允许有权机关依法撤回行政行为。

第二，行政行为所依据的客观情况发生重大变化。行政行为必须根据现实行政中的客观情况做出，随着时间的推移，行政行为所依据的客观情况也有可能发生重大变化，此时，为了公共利益的需要，有权机关可以依法撤回行政行为。

第三，其他法定情形。在法律、法规、规章的明确规定的其他法定情形之下，有权机关可以撤回行政行为。

（2）行政行为撤回的效果。撤回的效力是从自撤回之日起行政行为丧失法律效力。被撤回的行政行为，自撤回之日起丧失法律效力，而行政行为在撤回之前的法律效力不受撤回行为的影响。原则上，行政行为被撤回之前相对人获得的利益不应当因为行政行为的撤回而收回，而相对人的合法利益如果因为行政行为的撤回而受到损害的，行政主体应当对相对人进行必要的补偿。

3. 无效、可撤销

在行政行为违法或不适当的情况下，有权机关也可以依照法定程序撤销行政行为或者宣告行政行为无效，这种行政行为的消灭方式与行政行为的自然消灭不同，需要有权机关进行撤销或宣告。从公定力理论来看，存在瑕疵的行政行为通常可以分为无效行政行为与可撤销行政行为。

（1）无效行政行为。无效行政行为是指做出之时因欠缺法定实质要件而自始全然不发生法律效力的行政行为。行政行为一旦被认定为无效，其后果是自始至终不存在任何法律效力。无效行政行为的效力丧失，是自始无效，因此，相对人不仅可以拒绝履行该行政行为所设定的义务，而且可以不受时间限制地要求有权机关宣告其无效，而有权机关也可以不受起诉期限等限制，认定并宣告该行政行为无效。

（2）可撤销行政行为。可撤销行政行为是指在主体、内容、形式、程序等要件方面存在着瑕疵，可以由有权机关依法予以撤销的行政行为。对于主要证据不足、适用法律法规错误、违反法定程序、超越职权、滥用职权的行政行为，人民法院可以判决撤销或者部分撤销。

第二节 行政程序与行政处罚

一、行政程序

（一）行政程序的价值

行政程序是指行政主体按照一定的步骤、方式、时限和顺序行使行政职权进行行政活动的过程。"随着我国法治建设的不断发展推进，实践中对行政程序的合法性审查越来越重视。"[①] 现代行政法不仅要求做出结果的行政行为必须合法，而且要求作为过程的行政程序也必须合法且正当。现代行政法学中越来越重视行政程序的价值，认为其在保障行政相对人合法权益、监

---

① 吴丽洁. 行政复议中程序违法认定存在的问题及对策［J］. 法制博览，2023（24）：160.

督行政活动的合法性以及提高行政效率等方面都具有重要意义。

1. 保障行政相对人的权益

行政程序的设定规范了行政主体进行行政活动的过程，避免行政主体的恣意而侵害相对人的权益，而相对人的听证权、陈述权、申诉权等程序性权利的行使可以更好地保障其的权益。在行政主体违法侵害相对人权益后，行政复议、行政诉讼等程序又为相对人提供了事后进行救济的途径。

2. 确保相对人的地位

从程序本位主义来看，行政程序中相对人参与等程序的设置体现了对相对人权益的尊重。在行政法律关系中，行政主体凭借其行政职权占据主导地位。行政程序的价值就在于对行政主体行使行政职权的过程进行一定的限制，并通过相对人的参与，平衡行政主体与相对人在行政法律关系中的权利义务，确保相对人在行政法律关系中具有与行政主体相对等的地位，体现了形式上的正义。

3. 监督行政活动的合法性

行政主体必须依法进行行政活动，所依据的法律不仅是实体行政法，而且也包括程序行政法。程序合法是行政行为的合法性要素之一，通过对行政活动程序的设置，可以进一步对行政活动进行法律规制。行政过程中听证、陈述等相对人程序性权利的行使，也有利于行政主体查明事实真相，做出正确的行政行为。行政复议、行政诉讼等事后程序又为监督行政活动的合法性提供了途径。行政程序的设置对于控制行政主体的违法、监督行政活动的合法性具有重要意义。

（二）行政程序的类型划分

1. 按照行政活动形式

按照行政活动形式的不同，在行政行为定型化的基础上，可以将行政程序划分为行政立法程序、行政计划程序、行政许可程序、行政处罚程序、行政强制程序、行政裁决程序、行政指导程序、行政合同程序等。由于各种行政活动的程序各不相同，这种分类具有一定的实际意义。

2. 按照层次的不同

按照层次的不同，可以将行政程序分为以下类型：

（1）宏观行政程序。宏观行政程序是指由微观行政程序法所构成的一系列行政活动的程序。

（2）微观行政程序。微观行政程序是指行政机关在实施具体的行政行为时所应当遵循的方式、步骤、时限和顺序。

3. 按照行政行为决定的做出时点

以行政行为决定的做出时点为分界线，可以将行政程序分为以下类型：

（1）事前行政程序。事前行政程序是指做出行政行为决定并加以实施的过程。在事前行政程序中，行政主体占据主导地位，运用行政职权进行行政活动。

（2）事后行政程序。在事后行政程序中行政主体处于被动地位，被有权机关与相对人审查行政活动的合法性。在现代行政法学中，事前行政程序逐渐得到重视，事前程序的规范对于确保行政活动的合法性、保障相对人的合法权益具有重要意义。

二、行政处罚

（一）行政处罚的主要类型

1. 罚款

罚款系指强制违法者在一定期限内向国家缴纳一定数量货币而使其遭受一定经济利益损失的处罚形式。罚款要求违法者缴纳的钱款应是其合法收入。对于依赖公共财政支出的事业单位，因其不存在财政拨款之外的合法收入，因而一般不做出罚款的处罚。行政处罚中的罚款与刑法中的罚金是两个完全不同的概念。罚金属于刑罚的附加刑，是一种执行罚，由人民法院行使职权；罚款只是行政主体制裁手段，而非执行措施。

2. 行政拘留

行政拘留系指公安机关限制违反治安管理秩序的行政相对人短期人身自由的处罚行为，属于最严厉的人身罚。行政拘留涉及对人身自由的限制，所以，其设置属于法律保留事项，法规、规章都不能设定。

3. 没收违法所得和非法财物

没收违法所得系指行政主体依法将行政相对人以违法手段取得的金钱及其他财物收归国有的行为；没收非法财物，系指行政主体依法对行政相对人所占有的违禁品或者用以实施违法活动的工具收归国有的行为。

就性质而言，没收的违法所得和非法财物都不是违法者合法财产，没收本质上具有追缴的性质，违法者并未因为违法行为而付出代价。所以，一般立法也是将此处罚种类与罚款或者责令停产停业并处，这也从某种程度上弥补了法理上的不足。

4. 暂扣或者吊销许可证、执照

暂扣或者吊销许可证、执照是行政主体依法限制或者收回已赋予其的受益性权利的处罚行为。暂扣系指中止违法者已拥有的从事某种活动的权利或者资格，待其改正违法行为或者警告一段期限后，再恢复其权利或者资格；吊销系指通过收回已赋予行政相对人从事某种活动的权利和资格，达到禁止其继续从事此项活动。

5. 责令停产停业

责令停产停业系指行政主体强制要求违法者停止生产或者经营的处罚行为。这种行政处罚具有以下特征：

（1）责令停产停业是对违法者行为能力的限制，虽然责令违法者停产停业会间接影响其经济利益，但主要针对的是对违法者生产、经营能力的限制，因而不属于财产处罚。

（2）责令停产停业只限制违法者从事生产经营行为，并未剥夺其生产经营的权利和资格，因而与吊销许可证或者执照的处罚相区别，相对于吊销许可证和执照，责令停产停业还是比较轻的一种处罚，但与申诫罚和财产罚相比，责令停产停业又是相对严厉的处罚。

（3）责令停产停业的适用范围较窄，针对某些特定对象，主要是取得合法资格的工商企业和个体工商户。如果行为人不具有生产经营的资格，也就是无证经营者，则不适用停产停业，而是责令其改正或者限期改正。

(4) 责令停产停业，一般附有限期整顿的要求，如果受处罚者在一定期限内改正了违法行为、履行了法定义务后，仍可以继续从事生产经营活动。

（二）行政处罚的基本原则

1. 一事不二罚

在世界行政法领域，一事不二罚或称一事不再罚是个基本的理念和原则，目的是防止处罚过多过狠，多头执法造成多头处罚，背离错罚相当的原则，从而保护行政相对人的正当权益。一事不二罚原则的核心理念是：行政相对人基于其实施的一个违法行为受到一个行政主体处罚后，任何其他机关不得以同一事实和理由再次对其行政处罚。

2. 公共利益与个人利益兼顾

（1）对个人利益的保护要以不直接损害国家利益、公共利益为前提。

（2）应当确立最有利于行政相对人利益的价值取向，即遵循最小的利益侵害原则，即可罚可不罚的，不罚；可从重也可不从重的，不从重；可从轻可不从轻的，从轻。

3. 受处罚不免除民事责任

《中华人民共和国行政处罚法》（以下简称《行政处罚法》）规定，公民、法人或者其他组织因违法受到行政处罚，其违法行为对他人造成损害的，应当依法承担民事责任。确立这一原则的理由如下：

（1）行政处罚是公法上的责任，是行为人对国家承担的责任；民事责任是私法上的责任，是行为人对另外的公民或者法人、组织承担的责任，两者不能替代。

（2）在现代法治社会，维护社会秩序，保护公共利益与保护公民、法人和其他组织的合法权益，从总体上说是统一的、一致的，行为人依法承担民事责任；从国家和制裁违法行为的角度看，多一些平等协商，少一些强制对抗，适用法律的成本也会较低，有利于形成和谐的社会秩序，所以要鼓励行为人承担民事责任。

（3）为了防止以罚代赔，即以行政处罚代替民事责任的侵权赔偿现象，如在没收违法所得、非法财物时，对消费者所受到的损失不予关注或者不予补救。

（三）行政处罚的实施主体

1. 法定行政机关

行政处罚是国家行政权力的一个组成部分，且是一种限制行政相对人权利或者以义务的刚性执法，原则上应当由行政机关来行使。但并非所有的行政机关都有行政处罚权，只有特定的行政机关才能取得实施行政处罚的权力，其必须具备三个条件：①具备外部行政管理职能，属于执行性行政主体；②依法取得行政处罚权；③在法定职责范围内行使。

2. 法定授权组织

（1）法定授权组织，只有法律和法规可以授权，意味着，只有全国人大及其常委会、国务院、地方人大及其常委会三类主体可以授权；授权的方式是在法律、行政法规和地方性法规中予以明确。

（2）法定授权组织只能授权给具有管理公共事务的组织，这类组织可以是事业单位，不少行政机关所属的执法类事业单位即属于这类组织；也可以是企业单位，如盐业公司因有授权而承担着行政处罚职权；还可以是社团组织。但行政处罚权不能授权给个人。

3. 行政委托组织

行政委托处罚需要具备以下条件：

（1）只能委托给具有管理公共事务职能的事业单位，意味着受委托主体比授权主体要少，不能委托给企业单位和社团组织，一般这类事业单位是行政机关所属的事业单位。

（2）需要通过法律、法规和规章明确规定，这比授权执法要求低一些，规章不能授权但可以委托。

（3）受委托组织只能以委托机关的名义执法而不能以自己的名义执法。

（4）受委托组织不能再委托给其他组织执法。

（四）行政处罚的程序性制度

1. 听证会制度

在行政处罚程序中，听证是指在行政主体做出处罚决定之前，由该行政机关中相对独立的法治机构人员主持听审，由该行政机关的调查取证人员和行为人作为双方当事人参加的案件，听取意见，获取证据的法定必经程序。听证会遵循的原则主要包括：①公开，即行政机关要公开所有拟做出行政处罚所依据的事实和证据；②公正，听证主持人应当处于独立和居中地位，不能成为行政机关一方的利益代表；③合法，既在实体和程序上都要依法办事。

对于听证会的适用情形，主要包括：①将要做出的行政处罚是重大行政处罚，包括责令停产停业、吊销企业营业执照、较大数额罚款等；②行政机关与当事人对违法事实认定有重大分歧的；③当事人要求听证或者行政机关认为有必要进行听证的。

2. 执法人员亮证执法制度

在此之前，并没有统一的亮证执法的规范性要求，以致有些领域的行政执法人员未经专业培训，就上岗执法了。因为《行政处罚法》明确了亮证执法的程序性要求，客观上促进了行政执法人员的择优录用、专业培训、持证上岗等制度的确立，在此之后，除行政处罚外，行政强制、行政调查等依职权执法行为，亮证执法已成为一种规范性动作，不再需要专门做出规定。

第三节 民事诉讼法及诉讼程序

一、民事诉讼法理论基础

民事诉讼法，是指国家制定的规范法院和诉讼参与人的各种诉讼活动以及由此产生的各种诉讼关系的法律规范的总称。民事诉讼法调整的对象包括：①人民法院、当事人和其他诉讼参与人的诉讼活动；②从诉讼活动中产生的各种诉讼关系。

（一）民事诉讼法的性质

第一，民事诉讼法是基本法。就民事诉讼法在我国法律体系中的地位而言，它属于基本法律，其效力仅低于宪法。

第二，民事诉讼法是部门法。从民事诉讼法调整的社会关系看，它调整的是民事诉讼关系，是社会关系中具有自身特点的一类社会关系，这决定了民事诉讼法能够成为一个独立的法律部门。

第三，民事诉讼法是程序法。从民事诉讼法的内容看，它规定的主要是程序问题，除总则外，民事诉讼法规定了第一审程序、第二审程序、审判监督程序、特别程序、督促程序、公示催告程序、执行程序等。民事诉讼法在主要规定诉讼程序的同时，还规定了一些同民事诉讼相关的非讼程序。

第四，民事诉讼法是公法。从公法与私法的划分看，民事诉讼法规范的是人民法院和当事人之间的关系，涉及国家审判权的行使，属于公法。

（二）民事诉讼法的基本原则

民事诉讼法的基本原则，是指在民事诉讼的整个阶段或重要阶段起着指导作用的准则。民事诉讼法基本原则对民事诉讼的主要过程和主要问题所作的原则性规定，集中地体现了我国民事诉讼法的社会主义精神实质，对民事诉讼具有普遍指导意义，为诉讼参与人的诉讼活动和人民法院的审判活动指明了方向。民事诉讼法的基本原则，是根据宪法规定的总任务，全面落实依法治国的总方略，适应发扬社会主义民主和加快建设社会主义法治国家的要求，结合我国实际情况以及民事诉讼法的特点制定的。

1. 诚信原则

民事诉讼中的诚信原则，是指民事诉讼之程序主体应当诚信诉讼，不得恶意诉讼、实施诉讼欺诈行为，或通过诉讼谋取非正当之利益。

（1）诚信原则对法官的制约。诚信原则对于法院而言，就是要求法院审理和裁判民事案件时应当公正合理，主要包括：①禁止法官滥用审判权，就是要求法官在对实体问题和程序问题自由裁量时，应当立足于案件事实，在法律许可的范围内忠实地行使裁量权；②禁止突袭，禁止突袭裁判是程序保障的基本要求，在审理过程中，要保障当事人享有充分的攻击和防御机会，法官也应当根据具体案情、当事人的诉讼能力等及时恰当地进行释明，在发现真实、促进诉讼和法律适用上都要保障当事人诉讼主体地位，杜绝突袭裁判的行为。

（2）诚信原则对当事人的制约。

第一，禁止滥用诉讼权利。即当事人不得滥用诉讼权利以获取对自己有利的状态。

第二，禁止虚假陈述或提供虚假证据。即要求当事人在诉讼过程中不得违背真实义务，对案件事实做虚假陈述或提交伪证。

第三，禁反言。即当事人在诉讼中不得故意作相互矛盾的陈述。

第四，禁止当事人诉讼突袭。实施突然袭击被普遍认为是违反民事诉讼程序性公正、有悖于诉讼诚信原则的不当诉讼行为。

（3）诚信原则对其他诉讼参与人的制约。对其他诉讼参与人，诚信原则要求其实施诉讼行为时必须接受诚信道德准则的约束。具体的要求应当包括以下内容：

第一，诉讼代理人不得在诉讼中滥用和超越代理权，要在代理权限内进行诉讼代理行为，对委托人和法院要诚实。

第二，证人不得作虚假证词。尤其在我国目前当事人自带证人到庭的情况下，有必要建立证人宣誓制度，强调证人的真实义务和协助义务。

第三，鉴定人不得作与事实不符的鉴定意见。

第四，翻译人员不得故意作与诉讼主体陈述或书写原意不符的翻译。

2. 自愿和合法调解原则

自愿和合法调解原则，是指人民法院审理民事纠纷案件时，对于能够调解解决的案件，在双方当事人的情况下，在事实清楚、是非分明的基础上，依法说服和劝导双方当事人达成协议，以调解方式结案的准则。

《中华人民共和国民事诉讼法》（以下简称《民事诉讼法》）规定，人民法院审理民事案件，应当根据自愿和合法的原则进行调解；调解不成的，应当及时判决。自愿和合法调解原则是我国民事诉讼法的特点之一。这一原则的基本含义包含以下内容：

（1）尽量用调解方式结案。人民法院审理民事案件，能够用调解方式结案的，就应当尽可能调解结案，而不采取判决的方式结案。因为调解结案不伤害当事人的感情与关系，有利于和谐社会的建立，也有利于执行。

（2）坚持自愿合法原则。调解必须坚持自愿、合法的原则，不能强迫调解，不能违法调解。

（3）不能久调不决。调解不成的，应及时判决，不能久调不决，把案件一拖再拖，损害当事人的程序利益。

3. 诉讼权利平等原则

诉讼权利平等原则，是指民事诉讼当事人平等地享有和行使民事诉讼权利的准则。诉讼权利平等原则，应包括以下内容：

（1）当事人享有平等的诉讼权利。

第一，当事人享有平等的诉讼权利，根源于民事诉讼法律关系的特点。当事人诉讼权利的平等是指无论原告或被告的国籍、社会地位和家庭情况如何，也无论他们是公民还是法人或者其他组织，其诉讼地位和诉讼权利都是平等的，不允许任何一方享有诉讼上的特权。

第二，当事人享有平等的诉讼权利，根源于民事诉讼程序正义的要求。程序正义要求民事诉讼法律关系中诉讼主体之间的平等性，要求当事人在诉讼过程中享有和行使平等的诉讼权利，否则整个诉讼就不可能按照民事诉讼的规律运行而公正、合法地解决纠纷。

诉讼权利平等包含两方面的内容：①双方当事人享有同样的诉讼权利，比如双方都有权委托代理人，申请回避，收集、提供证据，质证，进行辩论，请求调解，提起上诉，查阅与本案有关材料和法律文书，以及自行和解等权利；②由于双方处于对立的位置，因而享有相互对应的权利，比如原告有提起诉讼、放弃或者变更诉讼请求的权利，被告则有承认或者反驳原告的诉讼请求或者提起反诉的权利。由于权利与义务是相对应的，因此，诉讼权利平等的实现要求诉讼义务平等地履行。

诉讼义务平等包含两方面内容：①双方都必须承担诉讼义务，比如双方必须依法行使诉讼权利，遵守诉讼秩序，履行发生法律效力的裁判、调解文书等义务；②任何一方如果不履行义务，都要承担一定的法律责任。

第三，当事人享有平等的诉讼权利，是由"公民在法律面前一律平等"的宪法原则所派生的。因为诉讼主体在诉讼法律关系中的地位，总是与其在社会中的法律地位紧密相关，诉讼主体地位是主体的法律地位的标志之一。因此，只有在诉讼中将当事人置于平等的地位，才能使其平等地行使诉讼权利，平等地履行诉讼义务，获得平等的保护机会，才能使当事人在适用法律上一律平等。

（2）保障当事人平等地行使诉讼权利。

第一，保障和便利当事人平等地行使诉讼权利需要从立法规定上保障当事人有平等的诉讼权利，以及行使诉讼权利的方便。

第二，依法保障当事人平等地行使诉讼权利，并且为他们提供同样的机会和条件，是人民法院应当履行的职责，也是当事人诉讼权利平等的重要保障。如果只是法律上规定当事人诉讼权利平等，而在具体案件的审理过程中，人民法院没有切实的保障，法律规定就会成为一纸空文。因此，人民法院在审理民事案件的过程中，应当主动告知当事人享有的诉讼权利，并且应当一视同仁地给他们提供行使诉讼权利的机会。

（3）对当事人在适用法律上一律平等。对当事人在适用法律上一律平等，是指人民法院在审理民事案件时，要秉公执法，依法办事，不论当事人的民族、性别、出身、职务、社会地位等如何，也不论当事人是公民、法人还是其他组织，只要其参加民事诉讼活动，均享有平等的权利，履行平等的义务，在适用法律时一律平等。

4. 处分原则

处分原则，是指民事诉讼当事人在法律规定的范围内，自由支配自己依法享有的民事权利和诉讼权利的准则。处分原则的基本内容包括以下四个方面：

（1）享有处分权的主体。只有当事人和类似当事人的人才能享有处分权利，其他诉讼参与人不享有处分权利。至于诉讼代理人能否代理当事人处分民事权利和诉讼权利，应视诉讼代理人的种类而确定：法定诉讼代理人，处于类似当事人的诉讼地位，因此，可以代理当事人处分民事权利和诉讼权利；委托诉讼代理人则只能在当事人特别授权范围内行使处分权利。

（2）处分民事权利与处分诉讼权利的关系。当事人在诉讼中处分民事权利一般是通过处分诉讼权利来实现的。比如,当事人减少或者放弃诉讼请求,一般是通过和解、撤诉或者调解达成协议,对民事权利进行处分,并不是处分诉讼权利就一定处分民事权利。

(3) 行使处分权的过程。当事人行使处分权利贯穿在整个诉讼过程之中,主要表现在以下阶段:

第一,当事人的民事权益受到侵犯或者发生争议时,是否向人民法院起诉,由当事人自己决定。不告不理原则就是处分原则的具体体现。

第二,诉讼程序开始后,原告可以放弃诉讼请求或者变更诉讼请求,被告可以承认、反驳诉讼请求,有权提起反诉;双方可以自行和解,也可以提请调解。

第三,上诉程序是否发生,取决于当事人行使或者放弃上诉权。当事人行使上诉权,并依法提起上诉的,第二审程序才能开始;放弃上诉权的,待法定上诉期届满后,一审法院的裁判即发生法律效力。

第四,执行程序是否开始,一般也由当事人决定。判决、裁定、调解、支付令①发生法律效力之后,一方当事人不履行,双方当事人可以申请执行,也可以不申请执行。

第五,对法院裁判已经发生法律效力后,当事人认为确有错误的,有权决定是否申请再审。

(4) 行使处分权的范围。从静态角度来看,当事人凭借其处分权决定诉讼请求的范围,法院不得在当事人提出的诉讼请求范围以外进行裁判。处分原则是相对的,是有限的。这个界限就是法律的规定。如果当事人的处分行为超出了法律规定,侵犯了他人的民事权益,其处分就无效,因而当事人的处分行为应当接受人民法院的监督和审查。

(三) 民事审判的基本制度

1. 回避制度

回避制度,是指审判人员及其他有关人员,遇有法律规定的回避情形

---

① 支付令是指在督促程序中由人民法院发布的限令债务人履行支付义务或者提出书面异议的法律文书。

时，退出对某一具体案件的审理或诉讼活动的制度。回避制度是为了保证案件公正审理而设立的一项审判制度。在民事诉讼中，实行回避制度具有重要意义。它可以使审判人员及其他有关人员合法地退出本案，又可以消除当事人的某些顾虑，保证案件审判的公正性。

（1）回避的条件。审判人员有下列情形之一的，应当自行回避，当事人有权用口头或者书面方式申请他们回避：

第一，是本案当事人或者当事人、诉讼代理人近亲属的。

第二，与本案有利害关系的。

第三，与本案当事人、诉讼代理人有其他关系，可能影响对案件公正审理的。

（2）回避的方式。回避的方式有两种：①自行回避，即审判人员、书记员、翻译人员、鉴定人和勘验人遇有法定情形时，自动退出本案的审理、记录、翻译、鉴定和勘验工作；②申请回避，即当事人及其诉讼代理人根据法律规定的回避条件，以口头或书面方式，申请审判人员或其他有关人员回避。

（3）回避的程序。法院对回避的决定程序包括以下内容：

第一，法院对当事人提出的回避申请，应当在申请提出的3日内，以口头或者书面形式作出决定，并向当事人宣布。至于采取口头还是书面方式，由法院根据具体情况决定。

第二，院长担任审判长或者独任审判员时的回避，由审判委员会决定；审判人员的回避，由院长决定；其他人员的回避，由审判长或者独任审判员决定。

第三，审判人员应当回避，本人没有自行回避，当事人及其法定代理人也没有申请其回避的，院长或者审判委员会应当决定其回避。被申请回避的人员在人民法院作出是否回避的决定前，应当暂停参与本案的工作，但案件需要采取紧急措施的除外。

当事人对法院有关回避的决定不服的，可以在接到决定时申请复议一次。复议期间，被申请回避的人员，不停止参与本案的工作。人民法院对复议申请,应当在 3 日内作出复议决定,并通知复议申请人。第二审人民法院认为第一审人民法院的审理有应当回避而未回避的情形时,应当裁定撤销原判,发回原审人民法院重新审判。

2. 两审终审制度

两审终审制度,是指一个民事案件经过两级法院审判就宣告终结的制度。我国现行的两审终审制,是由我国的国情决定的。我国地域辽阔,人口分布不均,交通又比较不便,若实行三审终审制,不仅增加当事人的讼累,而且实际效果也不明显,同时还增加了人民法院特别是较高级别人民法院的工作负担,不利于他们监督下级人民法院的审判工作。因此,根据我国的实际情况,确立两审终审制是正确的立法选择。我国的第二审既是事实审,又是法律审,这就有利于发挥上诉审应有的作用。此外,我国的审判监督程序和当事人申请再审程序还可以弥补审级上的不足。即对于人民法院作出的终审裁判,如果发现有法律规定的错误,可以通过审判监督程序予以纠正。这就为民事案件的公正性提供了可靠的保障。

3. 公开审判制度

公开审判制度,是指人民法院审判民事案件的活动,除法律规定可以不公开的以外,依法向当事人和社会公开的制度。

所谓向当事人公开,是指当事人就法院及对方当事人所进行的诉讼行为有获知权,有参与诉讼程序的权利,有阅览全部诉讼笔录的权利。所谓对社会公开,是指群众有权进入法庭旁听,新闻媒体可以对案件采访报道。

公开审判制度不仅是社会主义法治国家的民主在诉讼中的体现,还是保证司法公正的重要方式,这一制度在诉讼中具有以下作用:

(1) 公开审判制度将人民法院审判活动置于广大群众的监督之下,有利于增强审判人员依法办案的责任感,从而提高办案质量、公正解决民事纠纷。

(2) 公开审判对诉讼参加人也有一定的约束作用,可以促使其如实陈述事实和提供证言,为人民法院查明案情、明辨是非提供较为可靠的依据。

(3) 公开审判有利于进行法治教育。通过具体案件的公开审理,能够使旁听群众生动、形象地接受法治教育,增强群众的法治观念,提高广大群众遵守法律的自觉性。

(4) 公开审判制度是贯彻执行民事诉讼原则和制度的一个"重心"制度。只要在审判活动中认真执行这个制度,其他的原则和制度也就比较容易执行了。

二、民事诉讼程序的构成

(一) 第一审普通程序

第一审普通程序,是人民法院审理第一审民事案件、经济纠纷案件通常适用的程序。

1. 起诉

民事诉讼中的起诉,是指公民、法人或者其他组织,认为自己所享有的或者依法由自己管理、支配的民事权益受到侵害,或者与他人发生民事权益的争议,以自己的名义请求法院通过审判给予司法保护的诉行为。由于司法的不告不理原则,起诉是当事人行使诉权的起点,是引起审判权的前提。

起诉必须具备以下条件:

(1) 原告是与本案有直接利害关系的公民、法人和其他组织。

(2) 有明确的被告。原告起诉时应当指出侵犯他的权益或与他发生争执的被告是谁。

(3) 有具体的诉讼请求和事实、理由。诉讼请求是指原告要求人民法院保护其民事权益的内容。事实和理由是指原告提出请求的根据。

(4) 属于人民法院受理民事诉讼的范围和受诉人民法院管辖。起诉应当向人民法院递交起诉状,并按照被告人数提出副本。书写起诉状确有困难的,可以口头起诉,由人民法院记入笔录,并告知对方当事人。可见,起诉形式以书面为原则,以口头为例外。

2. 审理前的准备工作

审理前的准备,是指人民法院在受理案件后,开庭审理之前所做的准备工作。这一阶段,审判人员主要做好以下准备工作:

(1) 发送起诉状副本和答辩状副本。

(2) 审阅诉讼材料，调查收集证据。

(3) 更换和追加当事人。

3. 开庭审理工作及程序

开庭审理是指受诉法院在完成审前的各项准备后，于确定的日期，在双方当事人及其他诉讼参与人的参加下，依照法定形式和程序，在法庭上对民事案件进行实体审理的诉讼活动。开庭审理前准备工作有两项：①人民法院审理民事案件，应当在开庭3日前通知当事人和其他诉讼参与人，对于当事人，应当用传票传唤；对诉讼代理、证人、鉴定人、勘验人、翻译人员，应当用通知书通知其到庭，当事人或其他诉讼参与人在外地的，应留有必要的在途时间。②公开审理的案件，应当公告当事人姓名、案由和开庭时间、地点。

开庭审理的程序，主要有以下六项：

(1) 准备开庭，开庭审理前，书记员应当查明当事人和其他诉讼参与人是否到庭，宣布法庭纪律。开庭审理时，由审判长或者独任审判员核对当事人，宣布案由，宣布审判人员、书记员名单，告知当事人有关的诉讼权利义务，询问当事人是否提出回避申请。

(2) 法庭调查是开庭审理的中心环节，是对案件进行实体审理的主要阶段，其任务是审查核实各种诉讼证据，对案件进行直接、全面的调查。

(3) 法庭辩论是开庭审理的又一重要阶段，由当事人就如何认定事实和适用法律进行辩论当事人可以根据法庭调查的材料，对于证据证明力、事实认定、法律适用及理由，向法庭提出自己的意见。

(4) 法庭调解。法庭辩论终结，应当依法作出判决。判决前能够调解的，还可以进行调解，调解不成的，应当及时判决。

(5) 合议庭评议。法庭辩论后，调解没有达成协议，合议庭成员退庭进行评议。合议庭评议实行少数服从多数的原则。审判人员在法庭调查和法庭辩论的基础上，正确适用法律，对案件事实和证据进行客观、全面地分析判断，力求作出正确的结论。

(6) 宣判。合议庭评议完毕,应制作判决书。开庭审理无论是否公开,宣告判决一律公开进行。当庭宣判的,应当在 10 日内发送判决书;定期宣判的,宣判后立即发给判决书。宣告判决时,必须告知当事人上诉权利、上诉期限和上诉的人民法院。宣告离婚判决,必须告知当事人在判决发生法律效力前不得另行结婚。

4. 撤诉处理及条件

撤诉,是指在人民法院受理案件后到判决宣告前,原告撤回其起诉的行为。撤诉有广义和狭义两种:广义的撤诉包括申请撤诉与按撤诉处理;狭义的撤诉仅指申请撤诉。申请撤诉,是指在一审判决宣告前,原告向人民法院申请撤回其起诉的一种诉讼行为。申请撤诉需要符合相关条件:①具备申请撤诉的具体行为,即必须向人民法院明确提出撤诉的请求;②申请撤诉必须是原告的自愿行为;③申请撤诉的目的必须正当、合法;原告的撤诉申请必须在受诉人民法院宣判前提出。

有相关情形之一的,按撤诉处理:①原告经传票传唤,无正当理由拒不到庭的;②在法庭审理过程中,原告未经法庭许可中途退庭的;③原告为无诉讼行为能力人的,其法定代理人经传票传唤,无正当理由拒不到庭,又不委托诉讼代理人到庭的;④原告未按规定预交案件受理费,经法院通知后仍不预交的,又没有申请免交或者缓交理由的。

5. 延期审理、诉讼中止与终结

(1) 延期审理。延期审理是指在开庭期日到来之前,或者在开庭审理进行中,由于出现了法律规定的某些特殊情况,致使开庭审理无法按期进行或者无法继续进行,因而必须推延开庭审理期日。有相关情形之一的,可以延期审理:①必须到庭的当事人和其他诉讼参与人有正当理由没有到庭的;②当事人临时提出回避申请的;③需要通知新的证人到庭,调取新的证据,重新鉴定、勘验,或者需要补充调查;④其他应当延期的情形。

(2) 诉讼中止。诉讼中止是指在诉讼进行中,因发生法定中止诉讼的原因,法院裁定暂时停止诉讼程序。有相关情形之一的,中止诉讼:①一方当事人死亡,需要等待继承人表明是否参加诉讼的;②一方当事人丧失诉讼行为能力，尚未确定法定代理人的；③作为一方当事人的法人或者其他组织终止，尚未确定权利义务承受人的；④一方当事人因不可抗拒的事由，不能参加诉讼的；⑤本案必须以另一案的审理结果为依据，而另一案尚未审结的；⑥其他应当中止诉讼的情形。

（3）诉讼终结。诉讼终结是指在诉讼过程中因发生某种情况，使诉讼程序继续进行已没有必要或不可能继续进行从而结束诉讼程序。有相关情形之一的，终结诉讼：①原告死亡，没有继承人，或者继承人放弃诉讼权利的；②被告死亡，没有遗产，也没有应当承担义务的人的；③离婚案件中一方当事人死亡；④追索赡养费、扶养费、抚养费以及解除收养关系案件的一方当事人死亡。

6. 反诉及条件

反诉是指原告起诉后，被告于同一诉讼程序对原告起诉。民事诉讼法把反诉规定为被告的一项诉讼权利，反诉可以与本诉合并审理。

反诉的条件主要包括：①反诉只能是本诉被告向本诉原告提起；②反诉必须向受理本诉的法院提起；③反诉与本诉的诉讼请求必须能适用同类诉讼程序，如本诉适用普通程序，反诉适用特别程序，则反诉不能成立；④反诉必须于一审判决前提出；⑤反诉的诉讼请求与本诉的诉讼请求必须有事实上或法律上的联系。

（二）第二审程序

第二审程序是指由于民事诉讼当事人不服地方各级人民法院生效的第一审裁判而在法定期间内向上一级人民法院提起上诉而引起的诉讼程序。第一审程序是第二审程序的前提和基础，第二审程序是第一审程序的继续和发展。

1. 第二审程序的条件

（1）实质条件。必须有法定的上诉对象。法定的上诉对象是指依法可以上诉的判决和裁定。

可以上诉的判决包括：①地方各级人民法院适用普通程序和简易程序审理的第一审判决；②第二审人民法院发回原审人民法院重审后所作出的

判决。

可以上诉的裁定包括：①人民法院作出的不予受理的裁定；②人民法院对当事人的管辖异议作出的裁定；③驳回起诉的裁定。

（2）形式要件。①必须有法定的上诉人和被上诉人；②必须在法定的上诉期内提出上诉；③必须提交上诉状。

2. 上诉的受理

上诉的受理是指人民法院通过法律程序，对当事人提起的上诉进行审查，对符合上诉条件的案件予以受理的行为。上诉状应当通过原审人民法院提出，并按照对方当事人或者代表人的人数提出副本。当事人直接向第二审人民法院上诉的，第二审人民法院应当在5日内将上诉状移交原审人民法院。

3. 上诉案件的审理

第二审人民法院对上诉案件，经过审理，按照对应情形，分别处理：①原判决、裁定认定事实清楚，适用法律正确的，以判决、裁定方式驳回上诉，维持原判决、裁定；②原判决、裁定认定事实错误或者适用法律错误的，以判决、裁定方式依法改判、撤销或者变更；③原判决认定基本事实不清的，裁定撤销原判决，发回原审人民法院重审，或者查清事实后改判；④原判决遗漏当事人或者违法缺席判决等严重违反法定程序的，裁定撤销原判决，发回原审人民法院重审。

（三）审判监督程序

审判监督程序也叫再审程序，是指当事人、人民检察院和人民法院对已经发生法律效力的判决、裁定，基于法定的事实和理由，认为确有错误，申请、提起和决定对相应的案件进行再审，从而由人民法院对案件进行重新审理所适用的诉讼程序。

第一，当事人申请再审。当事人申请再审是指民事诉讼的当事人对已经发生法律效力的判决、裁定、调解书，认为有错误，向上一级人民法院申请再行审理的行为。

第二，人民法院决定再审。各级人民法院院长对本院已经发生法律效力的判决、裁定、调解书，发现确有错误，认为需要再审的，应当提交审判委员会讨论决定。各级人民法院院长对本院已经发生法律效力的判决、裁定，发现确有错误，经审判委员会讨论决定再审的，应当裁定中止原判决、裁定的执行。

最高人民法院对地方各级人民法院已经发生法律效力的判决、裁定、调解书，上级人民法院对下级人民法院已经发生法律效力的判决、裁定、调解书，发现确有错误的，有权提审或者指令下级人民法院再审。

最高人民法院对地方各级人民法院已经发生法律效力的判决、裁定，上级人民法院对下级人民法院已经发生法律效力的判决、裁定，如果发现确有错误，应在提审或者指令下级人民法院再审的裁定中同时写明中止原判决、裁定的执行；情况紧急的，可以将中止执行的裁定口头通知负责执行的人民法院，但应在口头通知后10日内发出裁定书。

第三，人民检察院抗诉提起再审。最高人民检察院对各级人民法院已经发生法律效力的判决、裁定，上级人民检察院对下级人民法院已经发生法律效力的判决、裁定，发现有法定抗诉情形，应当按照审判监督程序抗诉。地方各级人民检察院对同级人民法院已经发生法律效力的判决、裁定，发现有法定情形，应当提请上级人民检察院按照审判监督程序抗诉。人民检察院提出抗诉的案件，人民法院应当再审。

第四节　刑事诉讼法及诉讼程序

一、刑事诉讼法的基本原则

（一）法律监督原则

在我国，人民检察院是国家的法律监督机关，有权对刑事诉讼、民事诉讼、行政诉讼实行法律监督。在刑事诉讼中，人民检察院对公安机关的立案侦查、法院的审判和执行机关的执行活动是否合法进行监督。这种监督贯穿于刑事诉讼活动的始终。这一原则具体有以下内容：

1. 侦查监督

人民检察院通过批准逮捕程序对公安机关的侦查活动是否合法、适用法律是否准确进行监督。检察机关如果发现公安机关的侦查活动有违法情况，应当通知公安机关予以纠正，公安机关应当将纠正情况通知人民检察院。

人民检察院对公安机关移送起诉的案件，经审查后，应当作出起诉决定，或者作出不起诉决定。这一审查是对公安机关工作结果，即犯罪事实是否查清、适用法律是否准确的审查，也是对公安机关工作是否遵守法定程序的审查，并最后做出是否提起公诉的决断。审查起诉本身也是对公安机关侦查工作的监督。

2. 立案监督

人民检察院认为公安机关对应当立案侦查的案件而不立案侦查的，或者被害人认为公安机关对应当立案侦查的案件而不立案侦查，向人民检察院提出的，人民检察院应当要求公安机关说明不立案的理由。

3. 审判监督

人民检察院认为人民法院的第一审判决、裁定有错误的，应当向上一级人民法院提出抗诉；上一级人民法院应当开庭审理。最高人民检察院对各级人民法院已经发生法律效力的判决和裁定，上级人民检察院对下级人民法院已经发生法律效力的判决和裁定，如果发现确有错误，有权依照审判监督程序向同级人民法院提出抗诉。接受抗诉的人民法院应当组成合议庭重新审理，对于原判决事实不清或者证据不足的，可以指令下级人民法院再审。人民检察院在出庭支持公诉的过程中，发现人民法院审理案件违反法律规定的诉讼程序，有权向人民法院提出纠正意见。

（二）权利保障原则

诉讼权利是诉讼参与人享有的法定权利，法律应予保护，国家专门机关不得以任何方式加以剥夺。专门机关还有义务保障诉讼参与人充分行使诉讼权利，对于刑事诉讼中妨碍诉讼参与人行使诉讼权利的各种行为，专门机关有义务采取措施予以制止。权利保障原则的主要包括以下内容：

1. 诉讼参与人享有控告权

诉讼参与人对于审判人员、检察人员和侦查人员以限制、剥夺等形式侵犯公民依法享有的诉讼权利和对其进行人身侮辱的行为，有权提出控告。对于控告，任何人不得阻止。如果查证属实，应当严肃处理，构成犯罪的，应当依法追究其刑事责任。

2. 诉讼参与人享有辩护权和其他权利

（1）诉讼参与人是指当事人、法定代理人、诉讼代理人、辩护人、证人、鉴定人和翻译人员。由于诉讼参与人在刑事诉讼活动中，参与诉讼的目的和要求以及所处的诉讼地位不同，他们依法享有的诉讼权利也各不相同。犯罪嫌疑人、被告人参加诉讼是为了维护自己的合法权益，案件的处理与其有直接的利害关系。因此法律赋予其较为广泛的权利，如申请回避、辩护、拒绝回答与本案无关的问题、阅读侦查讯问笔录、庭审笔录、在法庭的最后陈述权、上诉权等。

辩护律师和其他辩护人，从审查起诉阶段开始，可以查阅、摘抄、复制本案的案卷材料，可以同在押的犯罪嫌疑人会见和通信，有权收集与本案有关的证据，提出犯罪嫌疑人、被告人无罪、罪轻或者减轻、免除处罚的材料和意见等。证人参加诉讼是履行作证义务，法律只赋予其与作证义务相应的权利，如认为因在诉讼中作证，其本人或者近亲属的人身安全面临危险的，向人民法院、人民检察院、公安机关请求予以保护等。

（2）对于不同的诉讼参与人依法享有的各项诉讼权利，人民法院、人民检察院和公安机关在刑事诉讼中，应当切实予以保障，这是公检法三机关应尽的义务，不得以任何借口进行限制或者剥夺。

3. 犯罪嫌疑人与被告人享有辩护权

辩护是指犯罪嫌疑人、被告人及其辩护人从事实上和法律上反驳控诉，提（供）出有利于犯罪嫌疑人、被告人的材料和意见的诉讼活动。

（1）辩护权是犯罪嫌疑人、被告人最基本和最重要的诉讼权利，赋予犯罪嫌疑人、被告人辩护权是现代法治的要求，是诉讼民主的体现，也是查明案件事实和正确适用法律的必然要求。

(2) 犯罪嫌疑人、被告人在整个刑事诉讼过程中都有权为自己辩护。犯罪嫌疑人、被告人可以自行辩护，在侦查期间，可以委托律师作为辩护人；在审查起诉和审判阶段，可以委托律师或者法律允许的其他人为自己辩护。

(3) 公检法等专门机关有义务保障犯罪嫌疑人、被告人有效行使辩护权。侦查机关在第一次讯问犯罪嫌疑人或者对犯罪嫌疑人采取强制措施的时候，应当告知犯罪嫌疑人有权委托辩护人。人民检察院自收到移送审查起诉的案件材料之日起 3 日以内，应当告知犯罪嫌疑人有权委托辩护人。人民法院自受理案件之日起 3 日以内，应当告知被告人有权委托辩护人。犯罪嫌疑人、被告人在押期间要求委托辩护人的，人民法院、人民检察院和公安机关应当及时转达其要求。

(三) 适用法律一律平等原则

第一，人民法院、人民检察院、公安机关在刑事诉讼中，对一切公民，不分民族、种族、职业、出身、性别、教育程度、财产情况、职位高低和功劳大小，都应一律平等地适用法律，不允许有任何的特权。

第二，平等的适用法律是指任何人触犯了刑法，都应受到追究，并承担相应刑事责任，而不能有任何例外；在刑事诉讼中，任何人的诉讼权利和其他合法权益都同样受到国家法律的保护。任何人都不能有超越法律之外的特权。这也是维护司法公正的基本要求。

二、刑事诉讼的基本程序

(一) 立案程序

立案是指公安机关、人民检察院和人民法院对报案、控告、举报、自首或自诉等的相关材料在各自的职权范围内进行审查，以确定是否存在犯罪事实、是否需要追究刑事责任，从而决定是否要对案件进行侦查或审判的诉讼活动。

1. 立案的任务

在立案阶段，公安、司法机关的任务就是通过对报案、控告、举报、自首或自诉等材料的审查，确定是否存在犯罪事实、有无必要追究刑事责任，从而为后续的侦查或审判提供依据。根据我国刑事诉讼法及相关司法解释的规定，立案的任务包括以下方面：

（1）接收相关材料，并进行案件分流。公安、司法机关应当对报案、控告、举报、自首或自诉的材料进行接收，无论其是否属于自己的管辖范围。对于属于自己管辖的，则予以审查决定是否立案；如果不属于自己管辖的范围，则应转交相应的主管机关处理，并且通知报案人、控告人、举报人；对于不属于自己管辖而又需要立即采取紧急措施的，应当先采取措施，然后移送有关主管机关。

（2）审查相关材料。公安、司法机关根据各自的管辖范围，对接收的相关材料进行审查，以确定是否符合立案的条件。

（3）决定是否立案，并接受监督。公安、司法机关根据《中华人民共和国刑事诉讼法》（以下简称《刑事诉讼法》）及相关解释规定的立案条件和标准，在现有材料的基础上对是否能够立案在审查的基础上作出决定。对于不立案的，通知控告人，并接受控告人的复议申请，进行复议；对于不该立案而立案或该立案而未立案的，接受检察机关的监督，说明理由；对于检察机关作出的立案决定予以执行；对检察机关的决定可以申请复议、复核。

2. 立案的特征

立案作为刑事诉讼开始的标志，具有如下特征：

（1）立案是法律赋予公安、司法机关的权力。根据我国《刑事诉讼法》的规定，公安机关和人民检察院对刑事案件有立案侦查权，人民法院有立案审判权。除此之外，其他任何机关和个人都没有此项权力。

（2）立案是刑事诉讼的开始阶段和必经阶段。我国刑事公诉案件一般经历立案、侦查、审查起诉、审判和执行等环节，每一个阶段都是独立的，也是不可缺失的。

（3）立案为刑事诉讼的其他程序的运行提供依据。立案程序通过书面化的审查和相关调查措施的采取，使办案人员对案件的认识达到一定的程度，进而得到结论，从而为侦查提供依据。刑事自诉案件通过人民法院对案件的实质性审查，确保案件的开庭审理具有较为充足的证据基础，为审判的顺利进行提供保障。

3. 立案的材料

立案的材料主要是指公安机关和人民检察院自行发现的或举报人、报案人、控告人或自首的犯罪嫌疑人提供的与犯罪有关的材料。根据《刑事诉讼法》及相关司法解释的规定，立案的材料来源主要包括以下方面：

(1) 公安机关、检察机关自行发现的犯罪事实或犯罪嫌疑人。公安机关或者人民检察院发现犯罪事实或者犯罪嫌疑人，应当按照管辖范围，立案侦查。公安机关是我国的主要侦查机关，也是社会治安保卫机构，其在日常的社会秩序维持和刑事案件办理过程中可能会发现有关的犯罪事实或犯罪嫌疑人材料。

检察机关是我国的法律监督机关，其在履行法律职责的过程中也可能会发现一些犯罪的线索材料等。在发现犯罪事实或犯罪嫌疑人后，公安、检察机关应当按照管辖范围，主动、迅速地进行审查并作出是否立案的决定。

(2) 有关单位和个人的举报或报案。任何单位和个人发现有犯罪事实或者犯罪嫌疑人，有权利也有义务向公安机关、人民检察院或者人民法院报案或者举报。报案是指单位和个人发现有犯罪事实发生，向公安、司法机关告发的行为；举报是指单位和个人就其了解的犯罪事实或犯罪嫌疑人向公安、司法机关告发、揭露的行为。

(3) 刑事被害人的报案或控告。"刑事诉讼被害人是与刑事案件结果有着直接利害关系并对案件进程产生重要影响的诉讼当事人，无论从保障人权还是从健全法治的角度看，刑事诉讼被害人的权利都应予以足够的重视与充分的保护。"[1] 刑事被害人的报案或控告也是立案材料的主要来源。控告是指被害人就其人身、财产权利等遭受侵害的事实及犯罪嫌疑人的有关情况，向公安、司法机关揭露和告发，要求追究其刑事责任的诉讼行为。就被害人而言，如果只知道有犯罪事实的发生，尚不知道谁是实施犯罪的主体，则为报案；如果犯罪事实和犯罪嫌疑人都比较明确的话，则为控告。

---

[1] 林华杰.《刑事诉讼法》中被害人的权利保护[J]. 法制博览，2023 (8)：64.

由于刑事被害人可能因犯罪而失去行为能力或死亡，因此，其法定代理人也可以报案或控告。

（4）犯罪人的自首。犯罪人向公安机关、人民检察院或者人民法院自首的，相应机关都应当接受，并根据各自的管辖范围自行审查或移送审查。自首是指实施犯罪行为的人自动投案，如实交代自己的罪行并接受审查或审判的行为。犯罪发生后，犯罪人出于减轻处罚、忏悔犯罪或坦白等目的，向公安、司法机关主动交代自己的罪行，这也是颇为重要的立案材料来源。

4. 立案的条件

立案的条件是指立案所必须具备的理由和根据。人民法院、人民检察院或者公安机关对于报案、控告、举报和自首的材料，应当按照管辖范围，迅速进行审查，认为有犯罪事实需要追究刑事责任的时候，应当立案；认为没有犯罪事实，或者犯罪事实显著轻微，不需要追究刑事责任的时候，不予立案，并且将不立案的原因通知控告人。

（1）侦查立案的条件。侦查立案的条件，一般包括事实条件和法律条件。

第一，事实条件。侦查立案的事实条件是指有符合刑法规定的犯罪行为的发生，且有一定的证据予以证明。对于事实条件，一般认为应符合相关要求：①有犯罪事实而非其他事实；②犯罪事实要有一定的证据予以证明，即有一定的证据，使人合理地相信犯罪事实的存在；③对犯罪事实的确认是公安、司法人员通过审查确认的，具有程序意义，不具有实体意义，不得作为对犯罪嫌疑人或被告人实施处罚的依据。

第二，法律条件。侦查立案的法律条件是指根据我国刑事法律的相关规定，该犯罪事实具有应受刑事处罚性；无须追究刑事责任的，则不符合立案条件；可能免予刑事处罚的，并不影响其立案。

（2）自诉案件立案的条件。

第一，事实条件。在自诉案件中，立案是为审判做准备，其要求的事实条件要高于侦查立案。事实条件包括：①刑事案件的被害人提出控诉，如果被害人死亡、丧失行为能力或者因受强制、威吓等原因无法告诉，或者是限制行为能力人以及由于年老、患病、盲、聋、哑等原因不能亲自告诉，其法定代理人、近亲属可以代为告诉；②有明确的被告人，且能及时找到被告人；③有具体的诉讼请求；④有证明被告人犯罪事实的证据，且证据充分。

第二，法律条件。根据刑事诉讼法及相关司法解释的规定，自诉案件的立案法律条件除应当包括一般立案的条件外，还包括三个方面：①属于自诉案件的范畴；②属于相应人民法院的管辖范围；③该犯罪事实未被处理过，如未曾因证据不足而撤诉、未曾调解结案等。

5. 立案的程序

立案程序是指立案活动中各种诉讼活动的步骤和形式，一般包括立案材料的受理、立案材料的审查和立案审查后的处理。

（1）立案材料的受理。立案材料的受理是指公安机关、人民检察院和人民法院对举报、报案、控告、自首或自诉的案件材料予以接受的活动。公安机关、人民检察院或者人民法院对于报案、控告、举报，都应当接受。对于不属于自己管辖的，应当移送主管机关处理，并且通知报案人、控告人、举报人。

（2）立案材料的审查。立案材料的审查是指公安机关、人民检察院和人民法院根据各自的管辖范围，依据相关法律规定对有关材料进行检查、核实，以确定是否立案的过程。我国刑事诉讼法规定，人民法院、人民检察院或者公安机关对于报案、控告、举报和自首的材料，应当按照管辖范围，迅速进行审查。

立案材料审查的内容包括事实审查和法律审查。事实审查就是对犯罪事实的有无进行审查；法律审查是对是否符合相关法律要件的审查。审查的方式主要是书面审查，也可以要求报案人、举报人或控告人说明相关情况。

（3）立案审查后的处理。公安、司法机关对立案材料进行审查后，应当作出是否立案的决定。根据我国刑事诉讼法的相关规定，公安、司法机关在对立案材料进行审查后，认为有犯罪事实且需要追究刑事责任的时候，应当立案。

第五章 行政法的组成要素与诉讼法及其程序

（二）侦查程序

1. 侦查的目的

我国刑事诉讼的根本目的是惩罚犯罪和保障人权的统一，侦查程序作为其中的一个阶段，具有与其一致的具体目的。根据我国《刑事诉讼法》的精神，侦查阶段的具体目的包括三点：①收集确实、充分的证据；②查明案件事实；③查获犯罪嫌疑人。

2. 侦查的原则

（1）迅速、及时。侦查工作是一项时间性很强的诉讼活动。犯罪分子作案以后，为了掩盖罪行，逃避罪责，可能想方设法隐匿、毁灭、伪造证据，或者与同案人订立攻守同盟，有的还可能继续危害社会。因此，侦查机关接到报案后应立即组织侦查力量，制定侦查方案，及时采取侦查措施，收集案件的各种证据。侦查工作迅速、及时，是顺利完成侦查任务的一个极其重要的保障。

（2）深入、细致。刑事案件千变万化，异常复杂。在侦查过程中，为了准确查明案件的真实情况，侦查人员还必须坚持深入、细致原则。这一原则要求侦查人员必须做深入细致的调查研究；对犯罪的具体情节要全部查清，并要求有相应的证据加以证明。

（3）客观、全面。客观是指一切从实际情况出发，尊重客观事实、按照客观事实的本来面目去认识它并如实反映它；全面是要全面地调查、了解和反映案件的情况，不能仅根据案件的某个情节或部分材料就下结论。这一原则要求侦查人员一切从案件的实际情况出发，实事求是地收集证据。既要收集能够证明犯罪嫌疑人有罪、罪重的证据，也要收集能够证明犯罪嫌疑人无罪、罪轻的证据。

3. 侦查的特征

侦查是指公安机关、人民检察院对于刑事案件，依照法律进行的收集证据、查明案情的工作和有关的强制性措施。侦查具有以下特征：

（1）侦查主体的特定性。在刑事诉讼中，依法享有侦查权的机关包括公安机关、国家安全机关、检察机关、军队保卫部门、监狱的侦查部门、海关走私犯罪侦查部门、中国海警局等。

（2）侦查活动的合法性与形式的公开性。

第一，侦查活动的合法性。考虑到每一项侦查活动的开展都程度不同地带有强制性，一旦违法实施侦查，就会侵犯到公民的合法权益。因此，侦查机关必须严格依法行使侦查权，客观全面地收集证据、查明案件事实，保障公民不受非法行为侵害。

第二，侦查形式的公开性。侦查形式的公开性是指侦查的形式，如拘留、逮捕犯罪嫌疑人，对其住处进行搜查等，必须是公开的。

（三）执行程序

执行指人民法院、监狱和公安机关对已经发生法律效力的判决、裁定所确定的内容予以实现的诉讼活动。执行主体为人民法院、监狱和公安机关。执行的法律依据是发生法律效力的判决和裁定，包括：①已过法定期限没有上诉、抗诉的判决和裁定；②终审的判决和裁定，包括第二审裁判和最高人民法院的裁判；③高级人民法院核准的死刑缓期2年执行的判决；④最高人民法院核准的死刑判决。

第一，死刑判决的执行。对死刑立即执行的判决，由最高人民法院院长签发执行死刑命令，下级人民法院接到命令后，应当在7日内交付执行。人民法院在交付执行死刑前，应当通知同级人民检察院派员临场监督。死刑采用枪决或者注射等方法进行。死刑可以在刑场或者指定的羁押场所内执行。执行死刑应当公布，不应示众。

第二，死刑缓期2年执行、徒刑、拘役的执行。对于被判处死刑缓期2年执行、无期徒刑、有期徒刑的罪犯，由公安机关依法将罪犯交付监狱执行。对于被判处有期徒刑的罪犯，在被交付执行刑罚前，剩余刑期在1年以下的，由看守所代为执行。对于被判处拘役的罪犯，由公安机关执行。对未成年犯应当在未成年犯管教所执行刑罚。执行机关应将罪犯及时收押，并通知罪犯家属。被判处有期徒刑、拘役的罪犯，执行期满，应由执行机关发给释放证明。

第三，拘役缓刑、有期徒刑缓刑的执行。拘役缓刑、有期徒刑缓刑意味着在法定期间内暂缓执行原判刑罚,若缓刑犯在暂缓执行期间不犯罪,则不再执行原判刑罚。被判处徒刑缓刑、拘役缓刑的罪犯,由公安机关交所在单位或者基层组织予以考察。罪犯在缓刑考验期内,必须遵守法律、法规。罪犯在缓刑考验期内未再犯新罪的,缓刑考验期满,则不再执行原判刑罚,由执行机关宣布;罪犯在缓刑考验期内又犯新罪的,则在审判新罪时撤销原缓刑。

第四,管制、剥夺政治权利判决的执行。管制指对罪刑较为轻微的犯罪分子判处的不予关押而在公安机关管束、人民群众监督下进行劳动改造的刑罚方法。剥夺政治权利是指剥夺犯罪分子参加国家管理和政治活动权利的刑罚方法。管制、剥夺政治权利的判决由公安机关执行。执行期满,由公安机关通知本人,并向群众宣布解除管制或恢复政治权利。

第五,罚金、没收财产判决的执行。罚金判决,由人民法院执行。如果由于遭遇不能抗拒的灾祸交纳确实有困难的,可裁定减少或者免除。没收财产的判决,由人民法院执行。必要时可会同公安机关执行。

第六章　法学思维与法学理论的应用

第一节　法律思维在现代企业管理中的应用

"随着我国社会经济的不断发展，公民以及企业法律意识的提升，使得企业在日常经营过程中必须要培养良好的法律思维意识，利用法律思维来解决相关问题，以更好地维护企业自身利益，确保企业的平稳持续发展。"[①]

一、法律思维用于现代企业管理中的意义

（一）降低现代企业生产经营中的风险

降低现代企业生产经营中的风险是保障企业稳健运营和可持续发展的重要举措。在当今充满变数和挑战的商业环境下，企业面临着多种类型的风险，如市场风险、财务风险、技术风险、竞争风险等，这些风险对企业的生存和发展都可能构成严重威胁。因此，降低风险、保障企业经营安全已成为现代企业管理的重中之重。

第一，企业可以通过建立健全的风险管理体系来降低生产经营中的风险。这包括建立风险识别、评估、控制和应对的全面机制，确保风险管理的全程覆盖和及时响应。企业需要通过对外部环境和内部经营状况进行全面分析，识别和评估可能存在的各类风险，然后采取相应的控制措施和风险转移策略，以降低风险发生的可能性和影响程度。

[①] 李金生. 法律思维在现代企业管理中的应用 [J]. 法制与社会，2014（22）：197.

第二,加强企业内部控制是降低风险的重要手段之一。企业可以通过建立完善的内部控制机制,强化对财务、业务、信息、人力资源等方面的监管和管理,确保企业内部运作的规范和有效。例如,建立严格的财务管理制度和审计机制,防止财务风险和造假行为的发生;加强对业务流程和数据安全的管控,防范信息泄露和网络攻击;规范人力资源管理流程,确保员工行为符合法律法规和企业规定,减少人为因素对企业运营的不利影响。

第三,企业还可以通过合理的保险策略和金融工具来降低生产经营中的风险。保险作为一种传统的风险管理手段,可以为企业提供多种保障,包括财产保险、责任保险、人身保险等,帮助企业应对各类突发事件和意外损失。此外,企业还可以通过金融衍生品等金融工具来进行风险对冲和管理,例如期货、期权、远期合约等,以规避市场波动和价格风险,保障企业的盈利水平和经济安全。

第四,加强企业文化建设也是降低风险的重要环节。企业应当树立风险意识,将风险管理融入企业的日常经营和决策中,使每一位员工都意识到风险的存在和重要性,形成共同应对风险的团队合力。同时,企业应当倡导诚信、透明的经营理念,建立良好的企业形象和声誉,增强市场信任度,减少信息不对称和道德风险,提升企业的整体竞争力和稳定性。

(二)提高现代企业的经济效益

提高现代企业的经济效益是企业持续发展的关键之一。在当今竞争激烈、市场变化迅速的环境下,企业必须不断寻求提升经济效益的途径,以确保自身在市场中的竞争力和可持续性。

第一,加强企业内部的管理和运营。通过优化企业管理制度,明确各级管理职责和流程,提高组织效率和响应速度,可以有效降低管理成本,提高生产效率,从而实现经济效益的增长。同时,建立健全的风险管理体系,加强对市场、财务、人力等方面的风险监控和预警,可以有效降低各类风险对企业经营活动的影响,保障企业的安全稳健发展。

第二,注重技术创新和提升企业核心竞争力。通过加大科研投入,引进先进技术和管理经验,提高产品质量和服务水平,不断满足市场需求,拓展市场份额，可以有效提升企业的市场竞争力和盈利能力。

第三，重视人才培养和团队建设。通过建立健全的人才激励机制，提供良好的发展平台和培训机会，激发员工的工作热情和创造力，增强团队凝聚力和战斗力，可以有效提高企业的生产效率和经济效益。

提高现代企业的经济效益需要从多个方面入手，包括加强内部管理和风险管理、注重技术创新和核心竞争力提升、重视人才培养和团队建设等。只有全面提升企业整体素质和竞争力，不断适应市场需求和变化，才能实现经济效益的稳健增长，实现企业的可持续发展目标。

（三）优化企业管理制度和风控手段

第一，优化企业管理制度是提升组织效率和响应速度的基础。通过建立完善的管理制度，明确各级管理职责和流程，可以使组织内部运作更加高效，减少管理漏洞和决策失误的风险。此外，精心设计的管理制度还可以促进沟通和协作，增强团队凝聚力，为企业的长期发展提供坚实保障。

第二，优化风控手段是保障企业资产安全和经营稳定的重要途径。随着市场环境的不断变化和风险的日益复杂化，企业需要采取更加精细化和多层次的风控手段来防范各种潜在风险。这包括但不限于建立完善的内部控制机制、加强数据安全和信息保护、建立健全的风险评估和监测体系等。通过不断完善和强化风控手段，企业可以及时发现和应对风险，降低损失发生的可能性，确保经营活动的持续性和稳定性。

优化企业管理制度和风控手段是企业在现代经济环境中保持竞争优势和实现可持续发展的必然选择。只有不断改进管理制度，提高组织运作效率和管理水平，才能应对日益激烈的市场竞争；同时，加强风控手段的建设和应用，可以有效降低各类风险对企业经营活动的影响，确保企业的稳健发展。因此，企业应当高度重视并持续加强对管理制度和风控手段的优化和改进，以适应市场变化和风险挑战，保持竞争力和可持续性。

（四）加强现代企业法制化文化的建设

在当今全球化和市场竞争日益激烈的背景下，加强现代企业法制化文化的建设已经成为企业发展的必然选择。企业法制化文化的建设不仅是符合法律法规要求的重要举措，更是提升企业内部管理水平和促进企业健康发展的有效途径。

第一，加强现代企业法制化文化的建设可以提高员工的法律意识和遵纪守法意识。通过开展法律法规培训、制定企业内部法规制度、加强法律教育宣传等措施，企业可以增强员工对法律的了解和尊重，使其自觉遵守法律法规，规范行为举止，有效防范和避免违法违规行为的发生，从而降低企业的法律风险。

第二，加强现代企业法制化文化的建设有助于提升企业的内部管理水平和规范化程度。建立健全的法律合规管理体系，明确各级管理者的法律责任和义务，规范企业内部管理流程和决策程序，加强内部控制和监督，可以有效防范管理漏洞和腐败问题，提高企业的运作效率和管理水平，为企业的可持续发展提供坚实保障。

第三，加强现代企业法制化文化的建设还可以提升企业的社会形象和信誉度。作为社会责任的体现，企业法制化文化的建设不仅能够促进企业内部和谐稳定的发展，更能够树立企业良好的社会形象，增强公众对企业的信任和认同，提升企业在市场上的竞争力和影响力，为企业的可持续发展创造良好的外部环境。

因此，企业应当高度重视并不断加强对法制化文化建设的投入和推进，建立健全法律合规管理体系，提升员工法律意识和遵纪守法意识，规范内部管理流程和决策程序，树立良好的社会形象和信誉度，从而推动企业向法制化、规范化、健康发展的方向迈进，实现经济效益和社会效益的双丰收。

二、法律思维用于现代企业管理中的应用方法

（一）加强管理规范化建设

加强管理规范化建设是现代企业持续发展的重要保障和基础。管理规范化建设是指企业在经营管理中建立起符合法律法规、行业标准和企业内部要求的一套科学、规范、有效的管理体系和管理方法，以确保企业运作的有序性、高效性和可持续性。在当今复杂多变的市场环境下，企业面临着来自外

部和内部的各种挑战和风险，只有通过加强管理规范化建设，不断完善管理体系和规章制度，才能提升企业管理水平，增强企业的竞争力和抗风险能力。

第一，加强管理规范化建设有助于提高企业的运营效率和管理水平。通过建立规范、标准的管理流程和操作规程，明确各项业务的责任和权限，可以有效降低管理成本，减少决策失误和执行偏差，提高工作效率和质量。规范化的管理体系还能够使企业在日常运营中更加注重细节和制度执行，从而提升企业整体管理水平和运营效率。

第二，加强管理规范化建设有助于提升企业的风险防控能力。建立完善的管理规章制度和内部控制机制，加强对各项风险的识别、评估和应对，可以有效预防和控制各类风险的发生和扩大。例如，在财务管理方面，建立健全的财务管理制度和审计机制，规范资金使用和财务报告，可以有效防范财务风险和内部造假行为；在人力资源管理方面，建立规范的人事管理制度和绩效考核机制，加强对员工的培训和监督，可以提升员工素质和团队凝聚力，降低人力资源风险和内部矛盾。

第三，加强管理规范化建设还有助于提升企业的服务质量和客户满意度。通过建立规范的服务流程和标准化的服务操作，加强对客户需求的分析和反馈，提高服务效率和水平，可以提升客户体验和满意度，增强客户忠诚度和口碑效应，为企业赢得更多的市场份额和竞争优势。

第四，加强管理规范化建设还有助于提升企业的社会责任意识和企业形象。通过建立规范的企业行为准则和社会责任体系，履行企业公民责任，尊重法律法规和商业道德，注重环境保护和社会效益，可以树立企业良好的社会形象和企业文化，增强公众对企业的信任和认同，为企业长期发展奠定坚实基础。

（二）营造企业法制化文化氛围

营造企业法制化文化氛围是现代企业发展的重要任务和战略选择。企业法制化文化是指企业在经营管理中树立法律意识、遵守法律法规、强化法律约束的一种文化氛围和价值取向，是企业推动诚信经营、规范管理、持续发展的重要保障和基础。在当今复杂多变的市场环境下，企业面临着来自内外部的各种挑战和风险，只有通过营造法制化文化氛围，加强法律意识教育和规范管理，才能有效规避风险、保障企业安全稳健发展。

第一，企业应当加强法律意识教育，提升员工的法制观念和法律素养。通过开展法律法规培训、举办法律知识讲座、制定法律宣传材料等形式，向员工普及法律知识，增强其对法律的尊重和遵从意识。企业领导和管理者要树立榜样作用，自觉遵守法律法规，依法经营、诚信经营，引导员工树立正确的法治观念，自觉维护企业的合法权益，形成全员参与、共同建设的法治企业。

第二，企业应当建立健全的法律合规管理体系，强化法律规章制度和内部控制机制。企业应当根据自身经营特点和行业特性，制定适合企业实际情况的法律合规制度和内部管理规章，明确各级管理者的法律责任和义务，规范业务流程和操作程序，加强对各项业务活动的监督和管理，确保企业的经营活动符合法律法规和相关规定，降低法律风险和合规风险。

第三，企业应当加强对外部法律环境的监测和研究，及时了解国家法律法规和政策法规的变化和更新，积极主动地适应和响应法律法规的变化，及时调整企业经营策略和管理模式，规避潜在法律风险，保障企业的合法权益。企业可以通过建立专门的法律事务部门或委托专业律师事务所进行法律顾问和法律风险评估，为企业决策提供法律保障和支持。

第四，企业应当注重加强内外部的沟通与协作，形成共建共享的法制化文化氛围。企业应当建立健全法律咨询和风险沟通机制，及时向员工通报法律法规和企业内部规章制度的变化和更新，加强对员工的法律培训和法律意识教育，增强员工的法律素养和合规意识。同时，企业还应当积极与政府、行业协会、律师等外部机构和人士建立联系和合作，开展法律交流和合作活动，分享法律经验和资源，共同推动法制化文化建设，营造良好的法治环境和企业发展氛围。

（三）加强企业法律风险评估机制的建设

加强企业法律风险评估机制的建设是现代企业管理的关键举措之一。随着法律环境的不断变化和法规的不断更新，企业面临着日益复杂的法律风险，如合同纠纷、知识产权侵权、劳动法律纠纷等，这些风险可能对企业的经营活动和发展产生严重影响。因此，建立健全的法律风险评估机制，及时发现、评估和应对潜在的法律风险，对于维护企业的合法权益、保障企业的稳健经营具有重要意义。

第一，加强企业法律风险评估机制的建设需要建立完善的组织架构和管理体系。企业可以设立专门的法律事务部门或者委托专业的法律顾问机构，负责法律事务的管理和处理。该部门或机构应当由经验丰富、业务熟练的法律专业人员组成，具有较高的法律素养和专业技能，能够为企业提供全方位、专业化的法律服务和咨询。

第二，加强企业法律风险评估机制的建设需要建立规范的评估程序和方法体系。企业可以制定详细的法律风险评估手册或指南，明确评估的对象、范围、方法和流程，确保评估工作的科学性、规范性和有效性。评估方法可以包括定性和定量相结合的方式，综合考虑各种因素的影响和权重，全面评估法律风险的大小和可能性，为企业的决策提供科学依据。

第三，加强企业法律风险评估机制的建设需要加强信息化建设和技术支持。企业可以利用先进的信息技术和管理软件，建立法律风险评估的数据库和信息平台，实现信息的集中管理和实时更新。通过信息化手段，可以提高评估的效率和准确性，及时发现和识别潜在的法律风险，为企业的管理决策提供及时、可靠的数据支持。

第四，加强企业法律风险评估机制的建设还需要加强人才队伍建设和人员培训。企业应该加大对法律人才的引进和培养力度，不断提升员工的法律素养和专业能力，增强员工对法律风险的识别和应对能力。同时，还应该加强与外部法律机构和专业组织的合作和交流，充分利用外部资源和专业知识，提高企业对法律风险的应对能力和抵御能力。

（四）外聘律师参与企业管理

外聘律师参与企业管理是一种现代企业管理的新趋势，也是企业管理体制变革的重要举措。在当今法治化的社会环境下，企业面临着越来越复杂的法律环境和法律风险，如合同纠纷、知识产权保护、劳动法律纠纷等，这些法律问题可能直接影响到企业的生产经营和发展。为了更好地应对这些挑战和风险，越来越多的企业选择外聘律师参与企业管理，通过律师的专业知识和技能，为企业提供法律咨询、法律服务和法律风险管理等方面的支持和帮助。

第一，外聘律师参与企业管理可以为企业提供专业的法律咨询和法律服务。律师作为专业的法律人士，具有深厚的法律知识和丰富的实践经验，能够为企业提供全方位、专业化的法律咨询和服务。企业可以委托外部律师事务所或律师团队，就企业经营中涉及的法律问题进行咨询和解答，包括合同起草、法律风险评估、诉讼代理等方面，帮助企业制定科学合理的经营策略和应对方案，规避潜在的法律风险，保障企业的合法权益。

第二，外聘律师参与企业管理可以提高企业的法律风险管理能力。律师具有熟悉法律法规和法律实践经验的优势，能够帮助企业及时识别和评估潜在的法律风险，为企业建立健全的法律风险管理机制和内部控制体系提供专业支持。律师可以对企业的合同、协议、政策、规章等文书进行全面审查和评估，发现存在的法律漏洞和问题，提出合理的改进建议和风险防范措施，帮助企业制定科学有效的法律合规政策和措施，降低法律风险和法律诉讼的发生概率，保障企业的经营安全和稳定。

第三，外聘律师参与企业管理可以提升企业的法律意识和法治文化。律师作为法律专业人士，能够向企业员工普及法律知识和法律意识，加强员工对法律法规的了解和尊重，提高员工的法治观念和法律素养。企业可以邀请外部律师开展法律培训和法律宣传活动，针对企业内部存在的法律问题和疑虑进行解答和指导，提升员工的法律意识和合规意识，规范员工的行为举止，减少违法违规行为的发生，构建和谐稳定的企业法治文化。

第四，外聘律师参与企业管理可以提高企业的应变能力和竞争力。面对日益复杂和多变的法律环境和市场竞争，企业需要具备及时应对和灵活调整的能力。外聘律师作为专业的法律顾问，能够为企业提供及时的法律咨询和法律服务，帮助企业解决各种法律问题和纠纷，制定科学合理的法律策略和应对方案，为企业提供法律保障和支持，增强企业应对风险和挑战的能力，提高企业的竞争力和市场地位。

第二节 法律思维在心理咨询中的应用

一、法律思维与心理咨询的关系

法律思维和心理咨询虽然看似领域不同，但它们在实践中常常交织在一起，相辅相成，对个体和社会都具有重要的意义。法律思维是以法律为核心的思维方式，注重逻辑、规范、权利和责任等法律概念的运用。而心理咨询则是一种通过心理学知识和技术，帮助个人解决心理问题、提升心理健康水平的专业服务。

法律思维和心理咨询在个体层面相辅相成。在法律问题涉及心理因素时，心理咨询的专业知识和技术能够为法律决策提供重要支持。例如，在家庭法律纠纷中，涉及离婚、子女抚养权等问题时，个体的情感、心理状态常常影响到法律事务的处理。此时，心理咨询师可以通过情绪调节、心理支持等手段帮助当事人理清思绪、调整情绪，从而更好地应对法律程序和决策。另外，心理咨询也可以为个体提供心理健康教育和自我调节技巧，帮助其预防和应对法律纠纷，促进心理健康和法律意识的提升。

法律思维也对心理咨询有所裨益。在心理咨询中，一些问题可能涉及法律法规或者涉及法律程序。在这种情况下，心理咨询师若具备一定的法律思维，能够更好地理解和处理相关问题。例如，在心理治疗中，有时候可能会涉及患者对于法律程序的不了解或者对于法律责任的担忧，这时心理咨询师可以通过对相关法律知识的介绍和解释，缓解患者的焦虑和困惑，促进心理治疗的顺利进行。因此，法律思维的运用可以为心理咨询提供更加全面和专业的服务，提升心理咨询的时效性和专业性。

在社会层面，法律思维和心理咨询也相互作用，共同推动社会的进步和发展。心理咨询在社会问题解决中发挥着重要作用，例如在心理健康教育、心理危机干预、家庭和婚姻关系维护等方面。而法律思维则为社会问题的解决提供了法律保障和制度支持。两者结合，可以更有效地应对社会问题，促进社会的稳定与和谐。例如，在心理健康教育领域，法律思维可以通过法律法规的制定和执行，保障个体的心理健康权益，促进心理健康教育的深入开展。另外，在家庭和婚姻关系维护方面，心理咨询可以帮助家庭成员解决心理问题，改善家庭关系，而法律思维则可以通过制定相关法律政策和法规，保障家庭成员的权益和利益，维护家庭的稳定与和谐。

法律思维和心理咨询在特定情境下也可以共同运用，形成一种综合的解决方案。例如，在法律纠纷调解中，律师可以与心理咨询师合作，通过法律程序和心理干预相结合的方式，帮助当事人解决纠纷，达成和解。在司法心理学领域，法律专家和心理学家可以共同研究案件背后的心理因素和法律因素，为司法决策提供科学依据和参考。这种综合运用既能够充分发挥法律思维和心理咨询的优势，又能够更好地解决问题，实现双赢。

法律思维和心理咨询之间存在着密切的关系，在个体和社会层面都发挥着重要作用。它们相互促进、相互补充，共同推动社会的进步和发展。因此，加强法律思维和心理咨询的交叉融合，不仅有利于提升个体的法律意识和心理健康水平，也有利于解决社会问题，促进社会的和谐稳定。

二、法律思维在心理咨询个案中的运用的必要性和可行性

（一）法律思维指导心理咨询的必要性

法律思维在心理咨询中的必要性源于其在理解和解决人类问题上的独特角度和方法。心理咨询所面对的问题涉及个体和群体的行为、情感和关系，而这些问题常常与法律有着紧密的联系。因此，将法律思维融入心理咨询实践中，不仅可以增强咨询师对问题的全面理解，还能提供更有效的解决方案。

法律思维在心理咨询中的必要性体现在其对复杂问题的分析能力上。心理咨询中经常涉及的问题，例如婚姻矛盾、家庭纠纷、工作争议等，往往伴随着法律因素的存在。咨询师如果缺乏法律思维，可能会忽视或误判这些因

素对问题的影响,导致解决方案的片面性和不完善性。而通过法律思维的运用,咨询师能够更全面地审视问题的各个方面,包括法律条文、法律程序以及相关案例,从而更准确地评估问题的性质和可能的解决途径。

法律思维对于保障心理咨询过程中的权益和合法性至关重要。在心理咨询过程中,咨询师需要与客户建立信任关系,倾听其倾诉并提供专业的帮助。然而,由于心理咨询涉及个人隐私、情感敏感等问题,存在着一定的法律风险和责任。咨询师若不具备法律思维,可能会在处理客户信息、保护客户权益等方面存在疏漏,甚至触犯法律法规,导致法律纠纷的发生。因此,咨询师需要通过学习和运用法律思维,确保在咨询实践中能够遵守法律规定,保障客户和自身的合法权益。

法律思维还有助于促进心理咨询的专业化和规范化发展。随着心理咨询行业的不断发展壮大,其所涉及的问题和服务范围也日益丰富和复杂。在这样的背景下,咨询师需要具备更高水平的专业素养和技能,才能更好地应对各种挑战和需求。法律思维作为一种专业思维方式,不仅可以帮助咨询师更好地理解和解决问题,还能够促使咨询行为更加规范和标准化,提升整个行业的信誉和声誉。

在当今社会,心理咨询已成为人们解决心理困扰和改善心理健康的重要途径,而法律思维的运用则为咨询师提供了更为全面和可靠的工具和支持。因此,心理咨询行业应该重视法律思维在实践中的应用,加强相关知识和技能的培训,以提升咨询服务的质量和水平,为社会心理健康事业做出更大的贡献。

(二)法律思维指导心理咨询的可行性

法律思维在指导心理咨询中的可行性体现在其对问题的全面性、客观性和系统性的分析能力上。心理咨询作为一种专业服务,旨在帮助个体解决心理问题、改善心理健康,而法律思维的引入,则可以为咨询师提供一种新的视角和方法,使其在咨询实践中更加全面地理解和应对各种复杂的问题。

法律思维在心理咨询中的可行性体现在其对问题的全面性分析能力上。心理咨询常常涉及到的问题不仅仅局限于个体心理层面,还包括家庭关系、社会环境等多个方面的因素。而法律作为社会规范和制度的表现，其涵盖的范围非常广泛，涉及个体权利、义务、责任等方面。通过运用法律思维，咨询师可以更加全面地审视问题，将个体心理问题与法律框架相结合，从而更加准确地评估问题的性质和可能的解决途径。

法律思维对于提高心理咨询的客观性和专业性具有重要意义。在心理咨询过程中，咨询师需要保持客观中立的立场，不受主观情感和偏见的影响，以确保咨询过程的有效性和客户的利益。而法律思维所强调的法律条文、法律程序等客观规范，可以帮助咨询师更好地规范自己的行为和决策，避免主观臆断和偏见的影响，保证咨询过程的客观性和专业性。

法律思维在心理咨询中的可行性还体现在其对问题的系统性分析能力上。心理咨询所面对的问题通常是复杂多样的，涉及个体心理、家庭关系、社会环境等多个层面。而法律作为一种系统性的规范体系，强调的是对问题的整体性和系统性的把握。通过运用法律思维，咨询师可以将个体问题与社会法律环境相结合，从而更好地理解问题的本质和背景，提供更为全面和系统的解决方案。

三、法律思维在心理咨询个案技法运用中的原则和实践模式

（一）法律思维在心理咨询个案技法运用中的原则

法律思维在心理咨询个案技法运用中的原则涉及将法律知识和思维方式融入心理咨询实践中，以提升咨询师对个案的分析和处理能力，保障咨询过程的合法性、专业性和有效性。关键原则如下：

1. 合法性原则

在心理咨询领域，合法性原则被视为咨询过程中的重要指导原则之一。咨询师在与个案互动时，不仅需要遵守国家法律法规和专业伦理规范，还必须对个案的隐私权和保密原则予以尊重，同时在处理涉及法律问题的个案时，必须确保自身行为的合法性。这一原则的重要性在于维护咨询过程的诚信性和可信度，同时保障个案的权益和安全。

（1）合法性原则要求咨询师对个案的隐私权进行充分尊重。个案在咨询

过程中可能会分享敏感的个人信息和情感体验，这些信息可能涉及个案的私生活、家庭关系、心理健康状况等方面。因此，咨询师有责任保护个案的隐私，不得将其信息泄露给第三方，除非在个案同意的情况下或者法律有明确规定的情况下。这种对隐私权的尊重不仅是对个案权益的保护，也是对咨询师职业道德和专业素养的要求。

（2）合法性原则要求咨询师严格遵守保密原则。咨询过程中，个案可能会向咨询师透露各种个人问题和困扰，这些信息对于个案来说可能是非常敏感和私密的。咨询师有责任确保这些信息不会被泄露出去，以保护个案的隐私和尊严。保密原则的遵守不仅需要咨询师具备专业的保密意识和技能，还需要建立起一个安全、信任的咨询环境，让个案感到愿意分享和倾诉。

（3）合法性原则要求咨询师在处理涉及法律问题的个案时，必须确保自身行为符合法律规定。在心理咨询过程中，个案可能会涉及法律方面的问题，比如家庭纠纷、婚姻问题、精神健康法律责任等。咨询师在这种情况下不仅需要具备相关法律知识，还需要谨慎处理，确保自己的行为不会触犯法律，同时保护个案的合法权益。这就要求咨询师不断学习和更新法律知识，与时俱进，以应对不同个案可能出现的法律挑战。

2. 客观性原则

在心理咨询中，客观性原则被视为保证咨询师在个案分析和处理中保持中立和客观态度的重要准则之一。客观性原则要求咨询师在分析个案时，不受个人情感和偏见的影响，以客观的眼光评估个案所涉及的法律因素，并提供基于客观事实和专业知识的建议和指导。这一原则的遵循有助于确保咨询过程的公正性和专业性，增强个案对咨询师的信任和尊重。

（1）客观性原则要求咨询师对个案的法律因素进行客观评估。咨询师需要以客观的态度对相关法律因素进行分析和评估，不受个人情感和偏见的干扰，从客观事实出发，全面了解个案的背景和情况，以便提供有效的咨询服务。

（2）客观性原则要求咨询师在提供建议和指导时保持客观中立。咨询师不应基于个人情感或立场对个案进行判断，而是应该根据客户的具体情况和法律规定，提供客观、专业的建议和指导。这种客观中立的态度有助于确保咨询过程的公正性和专业性，使个案感受到咨询师的专业素养和专业性，从而增强对咨询过程的信任和尊重。

（3）客观性原则要求咨询师不受个人情感和偏见的影响，确保个案分析和处理的客观性。在心理咨询过程中，咨询师可能会面对各种不同的个案，每个个案都有其独特的背景和情况。咨询师需要以客观的态度对待每一个个案，不因个人情感和偏见而对个案进行歧视或偏颇的判断，从而确保个案分析和处理的公正性和客观性。

3. 综合性原则

在心理咨询中，综合性原则被视为一项关键准则，其应用范围不仅仅局限于解决涉及法律问题的个案，而是包括对各种复杂问题的全面分析和处理。咨询师在运用综合性原则时，需要综合考虑个案涉及的心理、情感、家庭关系等多个方面因素，并结合法律知识和思维方式，以全面理解个案的背景和特点，并为个案提供具有针对性的咨询方案。综合性原则的运用有助于咨询师更好地应对复杂问题，提升咨询过程的效果和客户的满意度。

（1）综合性原则要求咨询师在分析个案时应全面考虑多个方面因素。心理咨询涉及的问题往往是复杂多样的，包括但不限于个人心理状态、情感困扰、人际关系、家庭动态等。咨询师需要以全面的视角审视个案，综合考虑各种因素之间的相互关系，以便更准确地把握个案的实质问题，并为个案提供更为有效的咨询服务。

（2）综合性原则要求咨询师为个案提供针对性的咨询方案。通过全面分析个案涉及的各个方面因素，并结合法律知识和思维方式，咨询师能够更好地理解个案的背景和特点，为个案量身定制具有针对性的咨询方案。这种针对性的咨询方案能够更有效地解决个案的问题，提升咨询过程的效果和客户的满意度。

4. 个案定制原则

在心理咨询中，个案定制原则被认为是一项至关重要的准则。每个心理咨询个案都具有其独特的特点和需求，因此，咨询师在运用法律思维进行个案分析和处理时,需要根据个案的具体情况提供定制化的服务和指导。个案定制原则要求咨询师根据个案的特点和背景,结合法律知识和思维方式,为客户提供个性化、针对性的咨询方案,以达到最佳的咨询效果。

(1)个案定制原则强调了个案的独特性和多样性。每个个案都是独一无二的,具有其特定的心理特点、情感需求和背景因素。咨询师应深入了解个案的情况,包括个人的心理状态、家庭关系、社会环境等方面的因素,以便为个案量身定制适合的咨询方案。这种个案定制的服务能够更好地满足客户的需求,提高咨询效果和客户满意度。

(2)个案定制原则要求咨询师结合法律知识和思维方式为客户提供针对性的指导。个案定制原则的贯彻实施有助于咨询师更好地理解个案涉及的法律问题,并为客户提供符合法律规定的咨询方案,增强客户对咨询师的信任和满意度。

(二)法律思维在心理咨询个案技法的实践模式

法律思维在心理咨询个案技法的实践模式中,可以为咨询师提供一种结构化和系统化的工作方法。这种模式结合了心理学和法学的原理,帮助咨询师更有效地处理心理咨询中的法律和伦理问题。法律思维在心理咨询个案技法中的实践模式如下:

第一,法律思维在心理咨询个案技法的实践模式中扮演着重要的角色,其核心在于帮助咨询师运用法律知识和思维方式进行个案分析。在进行个案分析时,咨询师需要综合考虑个案涉及的心理、情感、家庭关系等多个方面因素,并结合法律知识对可能存在的法律风险和问题进行评估。通过运用法律思维,咨询师可以更全面、更深入地理解个案的背景和特点,为制定有效的咨询方案提供支持和指导。

第二,法律思维在心理咨询个案技法的实践模式中有助于咨询方案的设计与实施。在制定咨询方案时,咨询师需要充分考虑个案涉及的法律因素,并在方案设计中加以体现和应对。例如,在处理婚姻矛盾个案时,咨询师需要了解相关的家庭法律条文和程序,以便为客户提供相关的法律信息和建议,同时在心理层面上提供情感支持和婚姻辅导。通过将法律思维融入咨询方案设计与实施中，咨询师可以更好地解决个案中涉及的法律问题，提升咨询服务的效果和客户的满意度。

第三，法律思维在心理咨询个案技法的实践模式中还对咨询师的行为规范提出了要求。咨询师需要严格遵守国家法律法规和心理咨询行业的伦理准则，保障咨询过程的合法性和专业性。例如，在处理涉及客户隐私的个案时，咨询师需要严格遵守保密原则，确保客户的个人信息不被泄露；在处理涉及家庭法律事务的个案时，咨询师需要遵守相关法律程序，确保自己的行为符合法律规定。通过遵守行为规范，咨询师可以建立起客户信任和咨询服务的良好声誉，提升自身的专业形象和咨询水平。

第三节　法学理论在金融法学中的应用

一、领域法学特征及重要性

领域法学是进行相关领域法律问题研究和解决的一种理论体系，该理论以具体领域法律问题为研究核心，旨在解决不同领域中面临的法律问题。"金融法学显然是领域法学的一个学科分支，在领域法学理论的指导与应用下，金融法学未来将会在自身理论体系、学科设置与发展、研究成果的形成与应用等方面获得突破式的发展与广阔的空间。"[①]

（一）领域法学的特征

领域法学是法学领域中的一个重要分支，其特征在于其专注于特定领域的法律规范和法律问题，深入研究该领域的法律体系、法律原理以及相关法律实践。领域法学的特征如下：

1. 专业性和深度

在领域法学中，专业性和深度是其核心特征之一。该领域要求研究者具备扎实的法律知识和深入的领域理解，以便深入剖析该领域的法律规范和问

---

① 洪治纲. 论领域法学理论在金融法学中的应用［J］. 辽宁大学学报（哲学社会科学版），2019，47（01）：108.

题，并为法律实践提供理论支持和法律建议。专业性体现在研究者必须具备该领域的专业背景和丰富的实践经验，以确保对领域内法律规范和问题的准确把握。

（1）领域法学要求研究者具备扎实的法律知识。这意味着研究者必须熟悉该领域的相关法律法规，理解其中的法律原理和规定。这种深入的法律知识是领域法学研究者能够进行深入分析和研究的基础，为他们提供了深入探讨领域内法律问题的基础。

（2）领域法学要求研究者具备深入的领域理解。这包括对该领域内各种法律规范和问题的深入了解，以及对该领域发展动态和法律变化的准确把握。

2. 综合性和交叉性

领域法学的综合性和交叉性是其独有的特征之一。该领域常常涉及多个学科领域的知识和理论，要求研究者具备跨学科的能力和视野，能够将法学与其他相关学科进行交叉融合，以深入探讨该领域的法律问题。这种综合性和交叉性体现在研究内容常常涉及法律、经济、管理、政治、社会等多个方面，研究者需要具备广泛的知识储备和跨学科的思维能力，能够从多个角度分析和解决该领域的法律问题。

（1）领域法学的综合性体现在其研究内容涉及多个学科领域。领域法学往往不局限于法学本身，而是与其他相关学科进行密切结合，如经济学、管理学、政治学、社会学等。研究者需要从多个学科角度去分析法律问题，将法律与其他学科的理论进行综合运用，以丰富和深化对法律问题的理解。

（2）领域法学的交叉性体现在其研究方法和思维方式上具有跨学科特点。研究者需要具备跨学科的思维能力，能够将不同学科的理论和方法融合运用到法律研究中。例如，经济学的理论可以用来分析法律对经济发展的影响，管理学的方法可以用来研究法律对组织管理的影响，政治学的理论可以用来分析法律对政治体系的影响，社会学的方法可以用来研究法律对社会结构的影响等。

3. 实践性和问题导向

领域法学以其较强的实践性和问题导向而闻名。这一领域的研究聚焦于特定领域的法律实践和问题，旨在为该领域的法律实践提供解决方案和法律支持。在领域法学的研究中，实际问题成为主导因素，研究者们致力于解决现实生活中存在的法律难题，以推动法律实践的发展和进步。

(1) 领域法学的实践性表现在其对特定领域的法律实践的关注上。研究者们深入研究特定领域的法律实践，例如商法、环境法、劳动法等，以探索其中存在的法律问题和挑战。他们通过对实际案例的分析和研究，以及对法律实践的观察和调查，深入了解该领域的法律情况，为法律实践提供有效的支持和指导。

(2) 领域法学的问题导向体现在其研究方法和目标上。研究者们以解决实际问题为目标，立足于特定领域的法律实践，针对性地开展理论研究和实证分析。他们通过对现实生活中的法律难题进行深入探讨和分析，提出具体的建议和解决方案，以解决实践中存在的法律问题，促进法律实践的顺利进行。

4. 前沿性和创新性

领域法学以其较强的前沿性和创新性而备受瞩目。该领域的研究旨在不断探索和研究新兴问题、挑战和变革，以推动学科理论的创新和学术观点的突破。领域法学的研究常常具备一定的前瞻性和预见性，能够深入分析和预测该领域的未来发展趋势，为法律实践提供战略性的指导和建议。

(1) 领域法学的前沿性体现在其对新问题、新挑战和新变化的关注上。随着社会、经济、科技等领域的不断发展和变革，法律面临着诸多新问题和挑战，如数字经济、人工智能、网络安全等领域的法律问题。领域法学的研究着眼于这些新兴问题，以期能够及时捕捉并解决法律领域中的前沿问题，保持与时俱进。

(2) 领域法学的创新性体现在其对学科理论和学术观点的探索和突破上。研究者们不断尝试探索新的研究方法、理论模型和学术观点，以推动法学领域的理论创新和学术发展。他们努力挑战传统观念，寻求新的理论视角和研究思路，以应对复杂多变的法律实践需求，为法学领域注入新的活力和动力。

5. 政策性和实践指导性

领域法学以其较强的政策性和实践指导性而著称。该领域的研究关注于特定领域的法律政策和实践，旨在为相关政府部门、法律从业者和社会公众提供政策建议和实践指导。领域法学的研究常常具有一定的政策性和社会影响力，能够为相关政策的制定和实践的推进提供理论支持和法律建议。

(1) 领域法学的政策性体现在其对特定领域法律政策的关注上。研究者们深入研究特定领域的法律政策，如环境保护、劳动就业、教育法等，以解决实际社会中存在的法律问题和挑战。他们通过对法律政策的分析和评估，提出具体的政策建议，以促进相关政策的制定和完善，保障社会公众的合法权益。

(2) 领域法学的实践指导性体现在其对法律实践的关注和支持上。研究者们以解决实际法律实践中的问题为己任，深入分析和研究特定领域的法律实践，为法律从业者提供实践指导和建议。他们通过对实践案例的分析和研究，提出具体的解决方案，为法律实践的顺利开展提供理论支持和法律建议。

(二) 领域法学重要性

1. 专业化服务需求

随着社会经济的不断发展和法治建设的深化，不同行业和领域对法律服务的需求逐渐增加。这些行业和领域因其特殊性和复杂性而需要针对性的法律规范和指导，以解决相应的法律问题和挑战。在这种背景下，领域法学的出现得以满足专业化服务的需求，通过深入研究特定领域的法律问题，为相关行业和领域提供专业化的法律服务。

(1) 专业化服务需求的增加源于不同行业和领域对法律问题的日益关注。随着社会经济的发展，各行各业在经营过程中面临着日益复杂和多样化的法律挑战，例如合同纠纷、知识产权保护、劳动法律事务等。这些问题需要具备专业知识和经验的法律专家来提供解决方案，以保障企业和个人的合法权益。

（2）不同行业和领域的专业化服务需求体现在对法律规范和指导的迫切需求上。由于不同行业和领域的特殊性，常规的法律知识和普通的法律服务往往无法满足其需求。因此，企业和个人需要针对性的法律规范和指导，以应对其特定的法律问题和挑战。

2. 保障各领域的合法权益

不同行业和领域因其特殊性和复杂性而拥有各自独特的法律规范和法律问题，因此需要专业化的法律研究和指导来保障各领域的合法权益。领域法学作为一门专门研究特定领域法律问题的学科，通过深入研究特定领域的法律问题，为相关行业和领域提供了专业的法律指导和建议。这种专业化的法律服务有助于确保各领域的合法权益得到有效保障，从而维护各领域的正常秩序和稳定发展。

（1）领域法学通过深入研究特定领域的法律问题，能够全面了解该领域的法律规范和实践情况。不同行业和领域的法律问题因其特殊性而需要深入研究，领域法学专家通过深入了解相关法律条文、司法解释以及实际应用情况，为该领域的从业者提供准确的法律指导和建议，确保其合法权益得到有效保障。

（2）领域法学的研究成果能够为相关行业和领域提供具体的法律解决方案。面对复杂多变的法律环境和问题，领域法学的研究者们通过对案例分析、比较研究以及法律实践的观察，提出了针对性的法律解决方案和应对策略，为各领域的从业者提供了实用性的法律指导，帮助其应对法律挑战，维护自身的合法权益。

3. 促进法治建设

领域法学的发展在促进法治建设方面发挥着重要作用。不同行业和领域的法律规范和实践经验是构建法治社会的重要组成部分。通过深入研究特定领域的法律问题，领域法学可以发现其中存在的法律漏洞和问题，为完善相关法律制度和政策提供参考和建议，从而推动法治建设的不断深化和完善。

（1）领域法学的研究有助于发现不同领域中的法律漏洞和问题。不同行业和领域的法律规范往往因其复杂性而存在着一定的漏洞和不足,这可能导致法律的执行不够完善或存在潜在的法律风险。通过深入研究特定领域的法律问题,领域法学可以发现这些漏洞和问题的所在,从而为相关法律制度的完善提供了重要线索和建议。

(2)领域法学的研究可以为相关法律制度和政策的改革提供参考和支持。通过对特定领域法律问题的深入分析和研究,领域法学可以提出针对性的改革建议,为相关法律制度和政策的调整和完善提供理论支持和法律依据。这有助于推动法治建设的不断深化和完善,提升法治社会的治理效能和公正性。

4. 推动学科交叉融合

(1)跨学科的交叉融合促进了学科之间的交流与合作。在领域法学的研究中,研究者不仅需要具备扎实的法学知识,还需要了解相关学科领域的理论和方法。例如,法学与社会学、经济学、政治学等学科之间的交叉融合,可以促进法律规范的社会效应和政治影响的分析,为法律实践提供更加全面的视角和方法论支持。

(2)学科之间的交叉融合有助于促进学科的创新发展。不同学科领域的交叉融合往往会产生新的理论框架、方法论和研究范式,为学科的创新发展提供了新的思路和方向。例如,法学与技术领域的交叉融合,推动了法律科技的发展和智能法律服务的创新,为法律实践带来了更加高效和便捷的解决方案。

(3)学科交叉融合为解决复杂的法律问题提供了新的思路和方法。在面对复杂多样的法律挑战时,单一学科的视角和方法往往难以全面解决问题。通过学科交叉融合,可以借鉴其他学科的理论和方法,拓展研究视野,从而为解决复杂的法律问题提供更加全面和多样化的解决方案。

5. 服务社会发展需求

随着社会经济的不断发展和科技的进步,各个行业和领域面临着新的挑战和机遇,对法律服务的需求也随之增加。在这样的背景下,领域法学通过深入研究特定领域的法律问题,为相关行业和领域提供了专业的法律服务和指导，以满足社会发展的需求，并推动社会的持续发展和进步。

（1）领域法学的研究有助于应对各行业面临的法律挑战。随着社会经济的发展，各个行业都面临着日益复杂的法律环境和法律规范。领域法学通过深入研究特定领域的法律问题，为相关行业提供了专业的法律服务和指导，帮助其理清法律规范，规避法律风险，从而更好地应对各种法律挑战。

（2）领域法学的研究可以为不同领域的发展提供法律支持。在新的经济形势下，各行各业都在不断探索新的发展模式和商业机会。领域法学的研究成果可以为相关行业和领域提供法律支持和指导，促进其合法经营，推动其良性发展，从而为社会的持续发展和进步提供了保障。

（3）领域法学的研究有助于推动法律服务的专业化和提质增效。随着社会的发展和进步，对法律服务的需求不断增加，而传统的法律服务模式已经不能满足社会的需求。领域法学的研究通过提供专业化的法律服务和指导，为社会提供了高质量的法律支持，推动了法律服务的专业化和提质增效，促进了社会的持续发展和进步。

二、金融法学应用领域法学理论的动因

金融法学是法学领域中的一个重要分支，其涉及金融市场、金融机构以及金融产品等方面的法律规范和法律问题。金融法学的应用领域理论的动因主要源于以下方面：

（一）金融市场的快速发展

在全球化进程加速和经济持续发展的背景下，金融市场呈现出快速发展的态势。这一趋势的主要驱动因素包括全球资本流动的增加、信息技术的快速发展以及金融创新的推动。随着金融市场规模的扩大和复杂度的提高，各种金融产品、工具和交易不断涌现，金融市场的运作机制也日益复杂。

金融市场的快速发展带来了多方面的影响。金融市场的深度和广度不断增加，为资金的有效配置提供了更多的选择和机会。投资者可以通过金融市场参与各种类型的投资活动，从而实现资产的增值和风险的分散。金融市场的发展促进了金融体系的健康和稳定。金融市场的规模扩大和功能日益完

善，提高了金融机构的盈利能力和风险管理水平，有助于防范和化解金融风险，维护金融体系的稳定性。此外，金融市场的发展也为经济增长提供了有力支持。金融市场的繁荣活跃促进了资本的流动和资源的配置，推动了实体经济的发展和结构调整，对于提升经济整体效率和竞争力具有重要意义。

（二）金融危机的频发

近年来，全球范围内频发的金融危机，引起了广泛的关注和深刻的反思。这些金融危机不仅对全球经济造成了严重的冲击，也揭示了金融市场存在的诸多问题和风险。

第一，金融危机的频发部分归因于金融市场的结构性问题。金融市场的快速发展和复杂化使得金融机构和金融产品之间的关联性增强，形成了复杂的金融网络。然而，这种复杂性往往会导致信息不对称和市场失灵，加剧了金融市场的波动性和不确定性，从而增加了金融危机的发生概率。

第二，金融市场的过度杠杆和风险偏好也是金融危机频发的重要原因之一。在追求高收益的诱惑下，金融机构往往会采取过度杠杆和高风险投资策略，导致了金融市场的波动和不稳定。特别是在金融创新和金融产品复杂化的背景下，金融机构往往难以准确评估和管理风险，容易陷入资产价格泡沫和过度放松的监管环境中，最终导致金融危机的爆发。

第三，全球化进程的加速和金融市场的互联互通也增加了金融危机的传播和扩散风险。金融市场的全球化使得国际金融机构和金融产品之间的联系更加紧密，一旦发生金融危机，其影响往往会迅速传播到全球范围内，对全球金融体系和实体经济产生广泛而深远的影响。

为了防范和化解金融危机的风险，需要采取一系列措施加强金融法律监管和风险管理，主要包括：①加强对金融市场的监管和监测，加强对金融机构和金融产品的审查和评估，及时发现和防范潜在的金融风险；②完善金融法律制度和监管体系，建立健全的风险管理制度和机制，提高金融市场的透明度和稳定性；③加强国际金融合作和协调，加强跨境金融监管和信息交流，共同应对金融危机的挑战，维护全球金融市场的稳定和安全。

（三）金融新的推动

随着科技的不断进步和金融市场的持续发展，金融创新正成为推动金融行业发展的重要动力。其中包括但不限于互联网金融、区块链技术和人工智能等方面的创新。这些新兴技术和金融模式的涌现不仅为金融市场带来了新的机遇，同时也带来了一系列新的挑战，为金融法律和监管政策提出了全新的问题和考验。

金融创新为金融市场带来了新的机遇。互联网金融的发展促进了金融服务的普惠化和便利化，降低了金融交易的成本和门槛，推动了金融业的全面数字化和智能化。区块链技术的应用则为金融交易的安全性和透明度提供了新的解决方案，促进了金融市场的信任建立和风险管理。人工智能的发展使得金融机构能够更加精准地进行风险评估和投资决策，提高了金融市场的效率和竞争力。这些新的技术和模式为金融市场的创新和发展开辟了新的空间，为投资者和企业提供了更加多样化和便捷化的金融服务。

为了促进金融创新的发展，需要及时完善相关的法律规范和监管政策。应加强对新兴金融技术和模式的监管和审查，规范金融创新的行为和市场秩序，防范金融市场的风险和波动。加强对金融市场的监测和预警，及时发现和应对金融市场的异常波动和风险事件，保障金融市场的稳定和安全。同时，要加强对金融机构和金融从业人员的监管和培训，提高其风险意识和合规意识，建立健全的风险管理制度和机制，维护金融市场的稳定和健康发展。

（四）国际金融合作的加强

随着全球经济一体化的不断深入，各国之间的金融联系日益密切，国际金融合作和交流成为应对全球金融挑战的重要途径。在这一背景下，加强国际金融法律的研究和合作显得尤为迫切。

第一，加强国际金融法律的研究有助于应对全球金融市场的多样化和复杂化。随着全球化进程的加速，金融市场的交叉和融合日益加深，各国金融法律之间的差异和冲突也日益显现。因此，开展国际金融法律研究，探讨不同国家金融法律体系的异同，寻求共识和协调，有助于建立统一的国际金融法律标准和规则，提升金融市场的透明度、稳定性和可预测性。

第二，加强国际金融法律的合作有助于应对全球性金融风险和挑战。金融危机、金融犯罪、跨境资本流动等问题不仅对单个国家的金融市场产生影响，也会波及全球金融体系。因此，各国之间需要加强信息共享、情报交流和法律合作，共同应对金融风险和挑战，维护全球金融市场的稳定和安全。

第三，加强国际金融法律的研究和合作有助于推动全球金融治理体系的完善和进步。当前，全球金融治理体系仍存在一些不足和缺陷，例如治理结构不合理、决策机制不透明等问题。加强国际金融法律的研究和合作，有助于发现和解决这些问题，推动全球金融治理体系向更加公平、公正、有效的方向发展，促进全球金融市场的健康和可持续发展。

三、领域法学理论在金融法学中的应用

领域法学理论在金融法学中的应用是一个复杂而广泛的领域，涉及金融市场监管、金融产品设计、金融交易法律规范等多个方面。金融法学是法学的一个重要分支，旨在研究和规范金融市场的法律制度和法律问题，保障金融市场的稳定和健康发展。领域法学理论的应用使得金融法学能够更加贴近金融市场的实际情况，更有效地解决金融法律问题，推动金融市场的发展和法治建设。

（一）金融市场监管

金融市场监管是维护金融市场秩序、保护投资者权益、促进金融市场稳定健康发展的重要组成部分。在当今复杂多变的金融市场环境下，有效的监管机制对于预防金融风险、防范金融危机具有至关重要的意义。金融市场监管的核心目标是保障金融市场的公平、公正、透明和稳定运行，以及维护投资者的合法权益，防范和化解金融风险，促进金融市场的健康发展。

1. 建立健全的法律法规和监管体系

金融市场监管需要建立健全的法律法规和监管体系，以确保金融市场的稳定和健康发展。法律法规在金融监管中扮演着至关重要的角色，其作用主要体现在以下方面：

（1）法律法规对金融机构的经营行为进行规范。金融机构在开展业务活动时必须遵守相关法律法规的规定，包括资本充足性要求、风险管理制度、信息披露规定等。这些法律法规的制定和实施，有助于规范金融机构的经营行为，防范和化解金融风险，维护金融市场的秩序和稳定。

（2）法律法规对金融产品的设计和销售进行监管。金融产品的设计和销售涉及投资者的权益和利益保护，需要严格遵守相关法律法规的规定，包括产品信息披露、销售宣传规范、合规审查程序等。监管机构需要通过制定和完善相关法律法规，规范金融产品的设计和销售行为，保护投资者的合法权益，促进金融市场的健康发展。

（3）法律法规对市场交易行为进行监管。金融市场的交易行为涉及各种金融工具的买卖、交易信息的披露和公开，监管机构需要通过制定和实施相关法律法规，规范市场交易行为，维护市场的公平、公正和透明，保障投资者的合法权益，促进金融市场的稳定和健康发展。

2. 加强对金融机构的监督管理

金融市场监管需要加强对金融机构的监督管理，以确保金融市场的稳定和健康发展。作为金融市场的主体，金融机构承担着重要的市场中介和风险传导功能，其经营行为直接关系到金融市场的运行和金融体系的稳定。因此，监管机构需要加强对金融机构的监督管理，以维护金融市场的秩序和公平，保护投资者的合法权益。

（1）监管机构需要加强对金融机构的监督检查。通过加强监督检查，监管机构能够及时了解金融机构的经营状况和风险状况，发现和纠正存在的违规行为和风险隐患。监管机构可以通过开展定期检查和不定期抽查等方式，加强对金融机构的监督管理，提升监管效果和效率。

（2）监管机构需要加强对金融机构的监管指导。监管机构可以通过发布监管指导文件、举办培训研讨会等方式，指导金融机构依法合规经营，加强内部控制和风险管理，提升经营风险防范和应对能力。监管机构还可以加强对金融机构的政策解读和政策宣传，引导金融机构正确理解和适应监管政策，促进金融机构的健康发展。

（3）监管机构需要加强对金融机构的处罚力度。对于违反法律法规和监管规定的金融机构，监管机构应当依法依规予以严厉处罚，严肃查处违法违规行为，维护金融市场的秩序和稳定。监管机构还可以通过公开曝光和行政处罚等方式，震慑金融机构违法违规行为，提升金融市场的风险防控和监管水平。

3. 加强对金融产品的审查和监管

金融产品作为金融市场的重要组成部分，其设计和销售直接影响着市场的稳定和投资者的利益。在这种情况下，监管机构需要加强对金融产品的审查和监管，以确保金融产品的合规性、透明度和风险可控性，从而保护投资者的合法权益，维护金融市场的稳定和健康发展。

（1）加强对金融产品的审查可以有效防止金融产品设计存在误导性和欺诈性。监管机构需要对金融产品的设计方案、销售材料以及相关合同进行全面审查，确保其符合法律法规的要求，不存在虚假宣传、隐瞒信息等违法行为。通过加强审查，可以及时发现和纠正存在的违规问题，减少投资者因为信息不对称而受到损失的可能性。

（2）加强对金融产品的监管可以提升金融产品的透明度和风险可控性。监管机构可以要求金融机构对金融产品的投资对象、投资策略、投资期限、收益分配方式等重要信息进行充分披露，让投资者能够充分了解产品的特点和风险，并做出理性的投资决策。同时，监管机构还可以要求金融机构建立完善的风险管理制度，加强对投资风险的识别、评估和控制，降低投资者面临的风险水平。

（3）加强对金融产品的监管有助于提升金融市场的整体运行效率和市场信心。投资者对于金融产品的合规性和安全性有了更高的信心，将更加愿意参与金融市场的投资活动，从而促进金融市场的流动性和活跃度。这有助于金融市场更好地为实体经济服务，推动经济的持续健康发展。

4. 加强对市场交易行为的监督管理

市场交易行为作为金融市场的核心活动，对于金融市场的稳定和投资者的信心具有重要影响。因此，监管机构需要加强对市场交易行为的监督管理，以确保市场交易的合法性、公正性和透明度，防止市场操纵、内幕交易等违法违规行为的发生，维护金融市场的公平和透明。

(1)加强对市场交易行为的监督管理可以提升市场交易的合法性和公正性。监管机构需要建立健全的市场监管体系，对市场交易行为进行全面监督，确保交易活动符合法律法规的规定，不存在违法违规行为。通过加强监督管理，可以有效防止市场交易行为的滥用和变异，保障投资者的合法权益，维护金融市场的秩序和稳定。

(2)加强市场交易的信息披露和监督可以提升市场交易的透明度。监管机构需要要求市场主体按照规定及时、准确地披露交易信息，包括交易价格、交易量、交易对象等重要信息，让投资者能够充分了解市场交易情况，做出理性的投资决策。同时，监管机构还需要加强对交易信息的监督，确保信息披露的真实性和完整性，防止信息不对称和市场操纵等违法行为的发生。

(3)加强对市场交易行为的监督管理有助于维护金融市场的公平和透明。监管机构需要严厉打击市场操纵、内幕交易等违法违规行为，保障市场交易的公平性，防止弱势投资者受到不当侵害。同时，监管机构还需要加强对市场交易规则的制定和执行，不断完善市场监管制度，提升市场交易的透明度和公信力，增强投资者对金融市场的信心和信任。

（二）金融产品设计

金融产品设计是金融领域中的一个关键环节，涉及着金融机构对市场需求的准确把握、产品创新的实现以及投资者利益的最大化。在当今复杂多变的金融市场环境下，金融产品设计的重要性愈发凸显，不仅对金融机构的竞争力和盈利能力有着直接影响，也直接关系到投资者的风险收益平衡和金融市场的稳定。

第一，金融产品设计需要充分考虑市场需求和投资者风险偏好。金融市场的发展日新月异，投资者的需求也在不断变化，因此金融机构在设计金融产品时，必须对市场进行深入的分析和研究，准确把握投资者的需求和偏好。只有深入了解市场，才能设计出符合投资者需求的金融产品，提升产品的市场竞争力和吸引力。

第二，金融产品设计需要具备创新性和差异化。随着金融科技的发展和金融市场的竞争日趋激烈，传统的金融产品已经难以满足投资者多样化的需求。因此，金融机构需要不断创新，推出具有差异化特点的金融产品，以抢占市场先机。创新不仅包括产品形式的创新，还包括产品功能、投资策略等方面的创新，只有通过创新，金融机构才能在激烈的市场竞争中立于不败之地。

第三，金融产品设计需要充分考虑风险控制和投资者保护。金融产品本质上是一种风险与收益相对应的工具，因此在设计金融产品时，金融机构必须充分考虑产品的风险特征，采取有效的风险控制措施，保障投资者的本金安全。此外，金融产品设计还需要遵循投资者适当性原则，确保产品的设计与投资者的风险偏好相匹配，避免因产品设计不当而导致投资者损失。

第四，金融产品设计还需要具备透明度和信息披露的原则。投资者在做出投资决策之前，需要充分了解产品的结构、运作机制、收益特征以及风险提示等信息，以便进行全面的风险评估。因此，金融机构在设计金融产品时，应当注重产品信息的透明度和及时性，加强对投资者的信息披露，确保投资者能够获得充分、准确的信息，做出理性的投资决策。

（三）金融交易法律规范

金融交易法律规范是金融市场秩序和稳定运行的基石，是保障交易的合法性、公正性和稳定性的重要法律保障。金融交易涉及交易主体、交易标的、交易方式、交易机构等多个方面，需要制定相应的法律规范和监管政策，以维护金融市场的秩序和稳定，保护投资者的合法权益，促进金融市场的健康发展。

第一，金融交易法律规范需要确保交易的合法性。金融市场的交易涉及大量的资金和财产，保障交易的合法性是维护市场秩序和保护投资者权益的首要任务。法律规范应当明确规定交易行为的合法标准和条件，规范交易主体的身份认定和资格审查，确保交易行为的合法性和真实性。

第二，金融交易法律规范需要保障交易的公正性。金融市场的公正和公平是市场稳定和投资者信心的重要基础，而公正的交易环境是维护公平的前提。法律规范应当明确规定交易行为的公平标准和原则，规范交易过程中的信息披露、交易价格形成、交易执行等环节，防止不正当手段和行为扭曲市场竞争，损害投资者利益。

第三，金融交易法律规范需要确保交易的稳定性。金融市场的稳定是金融市场监管的根本目标之一，而交易的稳定性是维护市场秩序和防范金融风险的关键。法律规范应当建立健全的交易机制和风险控制机制，规范交易的结算和清算，加强对市场交易行为的监督管理，防止交易系统和结算机构出现故障和风险事件，保障交易的顺利进行和交易结果的有效执行。

第四，金融交易法律规范还需要保护投资者的合法权益。投资者是金融市场的重要参与主体，其合法权益的保护是金融市场监管的核心任务之一。法律规范应当明确规定投资者的权利和义务，加强对金融产品和投资服务的审查和监管，防止金融机构和交易参与者违法违规行为，保护投资者的合法权益，提高投资者的风险意识和自我保护能力。

参考文献

[1] 董豪. 法律思维在现代企业管理中的应用 [J]. 商讯, 2019 (08): 68-69.

[2] 孟晓丽. 法律思维在心理咨询个案中的技法运用研究——以皖北高等师范院校为例 [J]. 湖北第二师范学院学报, 2018, 35 (09): 56-59.

[3] 郑楚涵. 领域法学理论在金融法学中的应用 [J]. 百科知识, 2021 (03): 37-38.

[4] 李金生. 法律思维在现代企业管理中的应用 [J]. 法制与社会, 2014 (22): 197.

[5] 洪治纲. 论领域法学理论在金融法学中的应用 [J]. 辽宁大学学报（哲学社会科学版）, 2019, 47 (01): 108.

[6] 夏冰. 法律思维在现代企业管理中的应用分析 [J]. 经济视野, 2015 (2): 143.

[7] 刘嘉夫, 史艳英. 法学理论的构建与应用实践——评《法学概论（第五版）》[J]. 中国教育学刊, 2019 (7): 8.

[8] 臧春静. 法律思维在企业管理中的运用 [J]. 管理学家, 2023 (20): 8-10.

[9] 胡兴元. 法律思维的本体解析 [J]. 安徽农业大学学报（社会科学版）, 2009, 18 (05): 51.

[10] 白岱恩. 法律思维及其对我国法治建设的意义 [J]. 山东教育学院学报, 2003 (03): 78-80.

[11] 梁鹏宇. 论法律思维 [J]. 吉林广播电视大学学报, 2007

(4)：119.

[12] 董玉庭，于逸生．司法语境下的法律人思维［M］．北京：中国社会科学，2008．

[13] 郑成良．论法治理念与法律思维［J］．吉林大学社会科学学报，2000（4）：3－10.

[14] 赵玉增．法律人思维及其对法治建设的意义［J］．法律方法，2008（00）：100－109.

[15] 吕文露．法律思维的基本规则及建设意义［J］．法制博览，2022（4）：42－44.

[16] 钟华．公安院校学生法律思维教育之论［J］．云南警官学院学报，2024（1）：75－80.

[17] 胡铭，王震．法官裁判思维中的法律形式主义与法律现实主义［J］．浙江学刊，2015（4）：146－155.

[18] 范春莹．形式与实质：法律思维的两个面向［J］．法律方法，2007，7（1）：299－307.

[19] 张晓萍，李旭冉．卢埃林法律现实主义视角下疑难案件的司法进路［J］．黑龙江工业学院学报（综合版），2023，23（10）：57－62.

[20] 侯现锋．关于检察官法律思维的几点思考［J］．中国军转民，2023（21）：104.

[21] 陈金钊．法学话语中的法律解释规则［J］．北方法学，2014，8（01）：107.

[22] 陈景辉．法律人思维与法律观点［J］．中国法学，2024（02）：184－203.

[23] 石志通，李勉．论行政执法的法律思维过程［J］．中国价格监管与反垄断，2023（07）：28－31.

[24] 于辉．新文科背景下法律人批判性思维培养策略［J］．法制博览，2023（04）：27－29.

[25] 陈金钊．法律方法论对中国法治的意义［J］．江海学刊，2022

(04): 161-170.

[26] 刘凌. 法律思维视域下的高校行政法教学 [J]. 法制博览, 2022 (18): 160-162.

[27] 付玉明, 杨智宇. 论理解释的体系与方法 [J]. 上海政法学院学报 (法治论丛), 2018, 33 (04): 101-112.

[28] 张志远. 司法解释法律效力研究: 法源理论、运行困境与完善路径 [J]. 山东法官培训学院学报, 2023, 39 (02): 165.

[29] 吕玲玉. 司法审判中形式正义与实质正义的冲突与平衡 [D]. 哈尔滨: 哈尔滨商业大学, 2024: 12.

[30] 戴小俊. 现代法学理论与实践研究 [M]. 长春: 吉林人民出版社, 2020.

[31] 郭晓岚. 法学理论与实践问题研究 [M]. 汕头: 汕头大学出版社, 2019.

[32] 李旭东. 论规范逻辑进程中的法律概念 [J]. 哈尔滨工业大学学报 (社会科学版), 2021, 23 (04): 52.

[33] 吴丽洁. 行政复议中程序违法认定存在的问题及对策 [J]. 法制博览, 2023 (24): 160.

[34] 林华杰. 《刑事诉讼法》中被害人的权利保护 [J]. 法制博览, 2023 (8): 64.

[35] 韩成军. 新刑事诉讼法对刑事诉讼监督权的完善 [J]. 河南社会科学, 2012 (7): 27-30.

[36] 康建民. 刑事诉讼法实施中的若干问题研究 [J]. 文存阅刊, 2018 (8): 162.

[37] 余希. 民事诉讼法溯及力问题探讨 [J]. 首都师范大学学报 (社会科学版), 2020 (3): 151-159.

[38] 鲍含. 我国行政主体理论研究反思 [J]. 商, 2014 (12): 194.